中华童谣与游戏

ZHONGHUA TONGYAO YU YOUXI

任 捷 刘晓娟 ◎ 编著

西南大学出版社
国家一级出版社 全国百佳图书出版单位

图书在版编目(CIP)数据

中华童谣与游戏／任捷，刘晓娟编著．－－重庆：西南大学出版社，2023.11
ISBN 978-7-5697-1970-3

Ⅰ.①中… Ⅱ.①任…②刘… Ⅲ.①儿歌－学前教育－教学参考资料 Ⅳ.①G613.2

中国国家版本馆CIP数据核字(2023)第202781号

中华童谣与游戏
ZHONGHUA TONGYAO YU YOUXI

任捷　刘晓娟　编著

责任编辑：李　君
责任校对：张　昊
封面设计：柚西文化
排　　版：夏　洁
出版发行：西南大学出版社（原西南师范大学出版社）
　　　　　重庆·北碚　　邮编：400715
印　　刷：重庆市圣立印刷有限公司
幅面尺寸：185mm×260mm
印　　张：10.25
字　　数：225千字
版　　次：2023年11月第1版
印　　次：2023年11月第1次印刷
书　　号：ISBN 978-7-5697-1970-3
定　　价：49.80元

前言

游戏是幼儿最基本的活动形式,是童年最珍贵的组成部分,亦是幼儿学习与发展最重要的载体。游戏具有自由、自主、假想、愉悦等重要特征,既能帮助幼儿获得精神世界的满足,又能有效地促进幼儿身心愉悦地发展。在游戏中,幼儿的现实行为与精神世界是自由的,玩什么、与谁一起玩、怎么玩,都由他们自己决定。游戏中的角色、情节等皆可通过想象来实现。

童谣与游戏一样,是人类生命历程中标志性的童年符号。"情动于中而行于言,言之不足故嗟叹之,嗟叹之不足故永歌之。"中华童谣内容简洁生趣,音律朗朗上口,情感童真美好,蕴藏着丰富的中华优秀传统文化基因与精神脉搏,具有儿童性、民族性、地域性等特征,是传承中华优秀传统文化及幼儿学习与发展的重要载体。

童年时期,童谣与游戏往往是结合在一起的,精神上相生相伴,形式上相映成趣。同时,幼儿的思维发展与语言发展、动作发展同步,其倾听、表达、操作、游戏的过程,亦是思维发展的过程。幼儿的学习内容是生活化的,超出幼儿生活经验的学习是空乏的、无意义的。幼儿的学习方式是游戏化的,他们在亲身体验、直接感知、实际操作中获得发展。

本书摘编了摇篮曲、游戏歌、数数歌、问答歌、绕口令、颠倒歌、谜语歌等中华童谣,在传承中华优秀童谣的同时,整合贴近幼儿生活、符合其身心发展规律的幼儿游戏,为读者架起了一座连接童谣与游戏的桥梁,呈现了鲜活欢快的童谣游戏场域。

书中还将童谣与音乐、舞蹈、美术、表演等艺术形式相结合,多角度展现童谣之美,引导大家发现童谣多元化的艺术表现形式,实现审美教育的多元化。

我们期望,幼儿教育工作者与家长朋友们,能在充分理解中华童谣美的基础上,尊重幼儿的身心发展规律和学习特点,通过诵童谣、玩游戏,让幼儿快乐地感受中华童谣的美与趣,让中华童谣在儿童心中留下隽永美好的童年记忆,同时也在潜移默化中培养其家国情怀和真善美的人格品性。

本书的撰写尤其感谢重庆幼儿师范高等专科学校杨雅淇、郑龙香两位老师的大力支持。同时，本书中所有插图均由重庆幼儿师范高等专科学校儿童早期发展学院孙锐、田梅芳、汪漫、冉金仙、马琴、崔蜀慧、成美琳、余秀香、谭星、张力郡、陶婷婷、石可馨同学绘制，感谢她们用青春的画笔绘制出最童真的色彩，为本书增添了更多童真童趣。

任捷

目录

第一章 "追根溯源"知童谣 ············001
第一节 释——什么是童谣 ············001
第二节 溯——童谣的历史源流 ············013
第三节 寻——童谣的地域表现 ············019

第二章 "以美育人"话童谣 ············023
第一节 童谣之美 ············024
第二节 童谣中的艺术教育 ············026

第三章 敲开传说的大门——神话童谣 ············030
第一节 远古的呼唤 传世的精神 ············031
第二节 走进奇幻的世界 ············033

第四章 老童谣，小时光——游戏歌 ············040
第一节 "玩"起来的童谣 ············041
第二节 "小"童谣，大意味 ············042

第五章 "问"以悦人——好奇的天使 ············052
第一节 品味问答的乐趣 ············052
第二节 你问我答的童趣 ············056

第六章　最初的记忆——摇篮曲···062
第一节　用童谣与婴儿沟通···062
第二节　摇篮曲的地域性表达···064

第七章　巧巧嘴——绕口令···070
第一节　"绕"来"绕"去乐陶陶···070
第二节　比比谁读得快又好···072

第八章　我们的传统我们的节——传统节日童谣·························081
第一节　细说传统节日···081
第二节　走进节日大世界···087

第九章　"不学礼，无以立"——礼貌童谣·································097
第一节　礼仪之邦　文明塑造···098
第二节　句句童谣展礼仪　声声童谣育孩童···························100

第十章　"反"着的世界——颠倒童谣·····································105
第一节　不受约束的童心···106
第二节　识童谣　辨真理···107

第十一章　开动脑筋猜一猜——谜语歌···································114
第一节　你藏我猜　乐不思蜀···115
第二节　寻找童谣中的大秘密···116

第十二章　"智"以慧人：数数的奥秘·····································121
第一节　在数数中感知世界的秘密·····································121
第二节　边唱边数——乐趣盎然···124

第十三章　生命的呵护——健康童谣 ································130
　　第一节　童谣小载体，健康育其中 ·······························131
　　第二节　生命与健康之声 ·······································132

第十四章　四季的歌谣——节气童谣 ································140
　　第一节　交替的时节 ···140
　　第二节　童谣中的春夏秋冬 ·····································153

第一章 "追根溯源"知童谣

第一节 释——什么是童谣

一、童谣的定义

童谣,自古有之,在我国历代的大量文献中均有记载。《孟子·离娄(上)》中称之为"孺子歌";在《旧唐书·五行志》中称其为"小儿谣"。无论是孺子还是小儿,都是指儿童。可见童谣是为儿童这个特定群体而创作的,并且由儿童所传诵的短诗。作为一种文学形式,童谣强调格律和韵脚,通常以口头形式流传,这与其传诵对象的特性有着密切的关系。儿童年幼,没有大量的知识积淀,识字水平有限,而牙牙学语的低幼儿童,则根本不识字。因此,童谣以口头传诵为主要流传形式。这种流传形式便决定了童谣的体裁与内容必须符合儿童传诵的需求——简单易学,朗朗上口,短小精悍,内容有趣。

只要有儿童的地方就一定有童谣。世界各国都有着丰富的童谣记录,甚至是没有文字的族群也有童谣传诵。传统的童谣是民间文学的重要组成部分,包含于民谣之中,童谣没有非常明确的范畴和界限,凡民谣中适合孩童听与唱的都可以归类为童谣。童谣不是儿童语言的游戏,而是儿童心灵的游戏。刘晓东在《儿童精神哲学》一书中提出,童谣与童话类似,都有梦想的成分,是人类潜意识的活动,是儿童精神的自由创造,因此,童谣是让儿童快乐的心灵游戏。

二、童谣的内容

古人说:"童子歌曰童谣,以其出自胸臆,不由人教也。"一语道破了童谣的特点:朗朗上口,通俗易懂,有趣好玩,且孩子们感兴趣。因此,童谣的内容要贴近生活、贴近自然,在简短而富有童趣的语言中对儿童眼中、心中以及身边的人和事进行语言描摹,传达儿童点滴的心情和细微的感受。

(一)童谣与生活

童谣来自民间,伴随着孩子的整个成长过程。孩子在成长过程中,必定要体验生活中的点点滴滴。体验生活、学习生活、懂得生活,是孩子成长的必修课程,智慧的中国人将生活编写进童谣中,让孩子在愉快的诵读和游戏中懂得生活的妙处。

衣、食、住、行是生活最基本的要素,通过童谣,孩子可以建立起对生活的认知,例如:

小妮子,逛铺子[①]

小妮子,逛铺子,买了一双红袜子,
两条蓝裤子,三件绿袍子,四条黄裙子,
五条紫褂子,六床花被子,
东西多,拿不动,急得妮子哭鼻子。

这首童谣用生动有趣的语言、朗朗上口的韵律节奏,讲述了一个小妮子上街买东西的小故事,并以其独特的方式将生活中的各种知识以简短的语言体现出来。首先,是对数字的认知,一双、两条、三件、四条等都可以帮助孩子建立数字的概念;其次,是色彩,红色、蓝色、绿色、黄色、紫色,五颜六色的画面立刻呈现在演唱者的脑海中;再次,是对衣服的认知,袍子、褂子、裙子,这些都是属于"衣";最后,告诉孩子买东西不能贪多,贪多拿不动,只能着急地哭鼻子。

童年时光是一个人最纯真、最快乐的时光,小伙伴的陪伴,还有那一个个充满乐趣的小游戏,总是让人忘记回家的时间,直到母亲的催促……童谣就描绘了一幅孩子们在月夜玩游戏的生动画面:

玩月亮[②]

今晚月亮圆,大家出来玩,
玩月亮喽哥哥,玩月亮喽姐姐,
我来扮母鸡,你们扮小鸡,
他来扮老鹰,老鹰抓小鸡,
大家玩游戏。
抓小鸡,捞小鱼,

[①] 熊亮等.中国童谣(绘本版)[M].北京:中信出版社,2019:26.
[②] 熊亮等.中国童谣(绘本版)[M].北京:中信出版社,2019:86.

第一章 "追根溯源"知童谣

你来抓小鸡，我来捞小鱼。

骑山羊，跳螃蟹，我来跳螃蟹，

你把山羊骑。

快来玩喽哥哥，快来玩喽姐姐，

哪个在家不来玩，变个小狗守门槛。

可以看出，《玩月亮》这首童谣是以一个孩子的视角编写的，在一个月亮照亮大地的夜晚，一个小孩，用稚嫩的声音呼唤哥哥和姐姐一起玩游戏，游戏的种类极为丰富，包括老鹰抓小鸡、捞小鱼、骑山羊、跳螃蟹。童谣虽简单却细致，小孩邀请哥哥姐姐一起玩游戏，小小年龄的他却想扮演母鸡，这凸显了小孩子总想着当大人，保护身边人的真实心理。小小的身躯，却有着大大的责任心，天真烂漫的心理在这一细微的语言描写中展现得淋漓尽致。对于孩子来说，游戏是玩不够的，一个游戏不足以填满一个美丽的月夜，于是，童谣中的小孩精心安排了一整晚有趣而丰富的游戏，以吸引哥哥姐姐陪他玩耍。这是一首令人愉悦的童谣，不禁让人回想起儿时那一个个有趣的游戏，有蛙叫、有蝉鸣，还有小伙伴们陪伴的童年；这是一幅令人感动的画面，让人回想起那一个个美丽的夜晚，有快乐、有天真，还有母亲温柔的催促。

中华民族自古以来就是一个勤劳善良的民族，世世代代热爱劳动，劳动就是人们生活的重要组成部分。我们坚信，幸福的生活是要靠劳动去创造的。因此，在孩童时期，每个孩子都会不断接受来自长辈们的关于劳动的教导。长辈们知道，要想家族兴旺，就必须让孩子们从小树立劳动意识，知道劳动的必要性和重要性。在民间也流传有大量关于劳动的童谣，例如：

种西瓜[①]

小小孩儿上南洼，刨个坑儿种西瓜。

先长叶儿后开花，接了西瓜孝敬妈。

童谣《种西瓜》描述了小孩种西瓜的故事，一共分为三个过程，第一个是小孩刨地种西瓜的过程，第二个是西瓜成长的过程，第三个是接西瓜孝敬妈妈的过程。通过"上""刨""种"等动作刻画了小孩种西瓜的过程：首先要去选定适宜种植的土地——南洼，接着要在土里刨个坑儿，然后把种子种下去，呈现了一幅"小孩种瓜图"。种好种子后要悉心护理，等待西瓜成长，于是用"长叶"和"开花"描绘出一幅"西瓜生长图"。当西瓜成熟后，就得采

---

① 陈俊红.晚安童谣[M].石家庄:河北美术出版社,2019:18.

摘了,"接"和"孝敬"又构成了一幅温暖的"摘瓜敬母图"。短短的四句话,包含了劳动的过程和收获后的喜悦,既有对劳动技能的描写,又描绘了孝敬长辈的画面,弘扬了中华民族优良传统——勤劳、孝顺。

无论是在蒙昧混沌的远古时期,还是在科技高速发展的现代;无论是在纯朴的小山村,还是在繁华的大都市;无论是在家族层面,还是在国家层面,繁衍生息都是人类持续发展的重大问题。繁衍生息必定要建立在家庭的基础上,家与国不可分,有家才有国,有国才有家,古人很早就明白这个道理,因此,在民间的许多童谣中,人们也特别注重建立孩子的家庭观念。例如童谣《小小子儿》:

小小子儿[1]

小小子儿,坐门墩儿,

哭着喊着要媳妇儿,

要媳妇儿干啥?

点灯,说话,吹灯,做伴儿,

早上起来梳小辫儿。

童谣《小小子儿》以最简单的语言描绘了最朴实的生活状态。小小子儿,指的是小男孩。娶妻是每个成年男子的人生大事之一,那么,对于不谙世事的小男孩来说,家意味着什么呢?娶妻的意义又是什么呢?娶妻是为了成家,成家是为了过日子,有了家就有了依靠,有了牵挂,有了责任。从某种角度来说,成家就是为了让人成长,让人有责任心。尤其是小男孩,更应该从小培养其责任心,特别是对家庭的责任心,从而培养其对国家、对民族的责任心与担当意识;有了责任心,还要有爱心,要爱护家人、陪伴家人。这是中华民族自古以来对男儿的要求。小小孩儿,自小就被潜移默化地影响着,"点灯,说话,吹灯,做伴儿,早上起来梳小辫儿"简单的语言描绘出中国传统家庭最质朴的生活方式。家人的陪伴,家的温暖在这种质朴的语言中被生动地呈现出来,虽是童谣,但让人回味无穷,灯下有家人的陪伴,纵是寒夜也温暖。

每个孩子在出生前后接触最多的就是母亲,在母亲腹中便聆听母亲的心跳声和说话声,对于母亲身上散发的味道以及母亲的声音都保有最初的记忆。在出生后,婴儿只要在母亲的怀里,闻着熟悉的味道,听着熟悉的声音,通常都能安静下来。在抚育孩子的整个过程中,母亲付出的时间和精力也是最多的,这就使孩子大都对母亲有一种天然的依赖感,当夜深人静时,孩子最渴望的就是由母亲陪伴入睡。但这种陪伴并非单纯意义上的陪

---

[1] 陈俊红.晚安童谣[M].石家庄:河北美术出版社,2019:9.

第一章 "追根溯源"知童谣

伴,而是带有情绪安慰的一种陪伴,当孩子闭上眼睛时,他看不到母亲是否在身边,因此需要感受母亲肢体的存在或声音的存在,于是,母亲通常在哄孩子入睡时都会轻抚他,或哼唱或轻诵摇篮曲(催眠曲),以此让孩子感受自己的陪伴,从而安心入眠。我国的各个地方都流传着大量具有地方特色的摇篮曲,这成为中华童谣的重要组成部分。例如流传在科尔沁草原的蒙古族摇篮曲《太阳歌》:

太阳歌[①]

太阳太阳照我,

阴凉阴凉躲开,

不要哭,不要哭,

宝君孩——

陶来,

宝君孩——

陶来。

月亮月亮照我,

黑夜黑夜躲开,

不要哭,不要哭,

宝君孩——

陶来,

宝君孩——

陶来。

在这首摇篮曲中,母亲将孩子称作"陶来",这是一个蒙古语词语,译作汉语为"小兔子"的意思。这是母亲对孩子的爱称,小兔子活泼可爱、美丽善良,也是孩子在母亲心中的形象。每个孩子在母亲心中都是可爱至极的宝贝,不论民族、地域、国籍,母亲对孩子的爱都是那么神圣无瑕。每位母亲都希望自己的孩子能无忧无虑,健康快乐地成长。在这首摇篮曲中,我们能够感受到一位科尔沁草原上平凡的母亲对自己孩子无限的关爱与殷切的期待。整首摇篮曲的语言生动而精致,将大自然中的太阳与月亮、阴凉与黑夜拟人化,展现了母亲赶走阴凉与黑夜,唤来太阳与月亮,哄着"陶来"宝君孩入睡的生活场景。摇篮曲的语言简短,却带着浓郁的地域特色和民族风格,让人仿佛置身于宽广无垠的大草原,感受每一位草原母亲深深的爱子之情。

---

① 拉毛.论蒙古族摇篮曲与藏族摇篮曲之比较[J].西部蒙古论坛,2017(2):70-71.

又例如汉族摇篮曲《小桥流水》：

小桥流水①

小桥流水哗啦啦，小孩睡觉找妈妈，

小宝贝疙瘩你睡吧，马猴子来了我打它。

这是一首流传在汉族地区的摇篮曲，从语言来看，很有汉族特色。小桥流水是汉族地区普遍的景色，尤其在江南地区，几乎家家户户门前都有一条小河，人们坐在家门前，抬眼便能看见小桥流水的动人景色。在夏日的夜晚，坐在门前，小桥下流水哗哗的声音，犹如清脆的琴声在月光里缓缓流淌。孩子们玩耍累了，趴在母亲膝上，半睁半闭着眼睛，在月光的笼罩下，在小桥的影子里，在流水的旋律中，似睡非睡，仿佛在等待那入睡前的最后仪式，才能走进最美的梦乡。此时，母亲喃喃地哼唱起摇篮曲，摇篮曲里有小桥，有流水，还有母亲亲昵的呼唤——"小宝贝疙瘩"，这就是人世间最美的旋律、最美的声音、最美的画面。

（二）童谣与自然

每个孩子从被孕育的那一刻起，便与自然产生了紧密的联系，吃、穿、住、行，每一样都离不开自然界中的事物。孩子从懵懂入世，到牙牙学语，再到长大成人，整个过程都在体验自然、认识自然、熟悉自然。日月更替、四季更迭、花草兴衰等无不吸引着孩子去探索这个世界。在童谣的世界里使用了大量描写自然的语言，可以帮助孩子在无忧无虑的童年时光中快乐地认识自然、了解自然，从而建立起对自然界的认知。

孩子在童年时光尤其喜爱各种小动物，很多孩子将动物当成自己的小伙伴。在农村，家里养的鸡、鸭、兔子、小狗等，都是陪伴孩子长大的伙伴，而这些动物似乎也都喜欢孩子，也愿意陪着孩子。在孩子心中，这些小动物都被拟人化了，有着和自己一样的思想，因此，在童谣中，以夸张、拟人化的手法描述动物也非常符合孩子的心理特征。例如童谣《大公鸡》：

大公鸡②

大公鸡，真美丽，火红冠子花外衣，

昂首挺胸真神奇，每天叫我早早起。

---

① 陈俊红.晚安童谣[M].石家庄：河北美术出版社，2019：19.
② 能亮等.中国童谣（绘本版）[M].重庆：重庆出版社，2019：4.

活泼的语言勾画出一只雄赳赳气昂昂的大公鸡形象,既有公鸡的外形特点,又写出了公鸡在生活中的重要性,更凸显了公鸡与孩子之间的友谊。公鸡作为我国乡村最常见的家禽之一,在生产、生活中具有重要的作用。在农村,几乎家家户户都会在院子里养上一群鸡,母鸡下蛋,公鸡打鸣。在古代没有钟表的时候,早上起床全靠公鸡报时,因此,对于孩子来说,公鸡就是每天叫自己起床的好朋友。乡村的清晨,孩子还在睡梦中,大公鸡抖了抖浑身绚丽的羽毛,昂首挺胸地站在晨曦中,发出第一声鸣叫。这时,母亲醒来,看看身边的宝宝,起身准备早餐。烟囱里升起的袅袅炊烟在晨曦中飘荡,与淡淡的薄雾融合在一起,像宝宝清晨迷蒙的双眼一般可爱至极。柴火灶里熊熊燃烧的柴火发出噼噼啪啪的响声,锅里冒出滚滚蒸汽,厨房里弥漫着饭菜的香气。随着大公鸡的打鸣声,宝宝也揉着惺忪的双眼,寻着香味来到厨房,一家人吃着热腾腾的早饭开始了一天幸福的生活。这时,大公鸡也迈着悠闲的步子来到厨房,在宝宝的脚下蹭来蹭去,仿佛在说:"我打鸣,你起床,你吃饭,我陪你。"太阳慢慢升起来,一间房、一家人、一个美好的早晨,一幅和谐的画……

除了动物外,植物在孩子眼里也是一种神奇的存在。于孩子而言,植物从播种到生长,再到结果,是一个奇妙的过程:一粒小小的种子,在土壤中居然能够慢慢长大。这个认知过程也是打开孩子思维的过程,因此,童谣中也有大量关于植物的内容,以帮助孩子建立起对自然界的认知。例如童谣《牵牛花》:

牵牛花[①]

牵牛花,爬篱笆,爬呀爬,爬呀爬,

不见牵牛来,只见吹喇叭,

嘀嘀嗒!嘀嘀嗒!嘀嗒嘀嗒嘀嘀嗒!

牵牛花是一种攀爬植物,花开时像喇叭一样可爱,因此深受孩子喜爱,很多小孩会将盛开的牵牛花摘下来放在嘴里吹,此时,牵牛花会发出"嘀——"的声音。中国的乡村小院,通常都会围着篱笆,而牵牛花易生长,会顺着篱笆攀援生长,在开花时,篱笆就变成一座花篱笆,把农家小院装点得格外美丽,因此,牵牛花是家家户户都爱种植的植物。初秋的清晨,小院里篱笆上开满了牵牛花,孩子们吃完早饭,来到小院玩。小女孩们摘下粉红色的牵牛花别在头发上,把自己打扮起来,接着玩跳皮筋、捉迷藏;男孩子们要玩冲锋的游戏,可是没有冲锋号怎么办呢?篱笆上的牵牛花在微风中摇动着可爱的身躯,仿佛在提醒孩子们,自己就是"冲锋号",于是男孩子们一人摘下一朵牵牛花,比赛吹喇叭,谁吹得最好、最响,谁就做吹号手。在这个初秋的清晨,一朵朵牵牛花在女孩子们的头上摇曳,在男

[①] 陈俊红.认知童谣[M].石家庄:河北美术出版社,2019:14.

孩子们的嘴里响起,装点了孩子们美丽的童年。而明天,新的牵牛花又会竞相开放,新的生命又将绽放最美的活力。

大自然斗转星移,形成春、夏、秋、冬四个气候分明的季节,认识四季的变化,了解四季的特征,是儿童认识自然的一个重要内容,而四季童谣为孩子描绘了季节变化。例如童谣《东南西北刮大风》：

东南西北刮大风[①]

春风里,东风多,吹来燕子做做窝。

夏天里,南风多,吹得太阳像盆火。

秋天里,西风多,吹熟庄稼催熟果。

冬天里,北风多,吹得雪花纷纷落。

这首童谣描写了春、夏、秋、冬四个季节,简短的语言写出了每个季节的特征。春天吹东风,夏天吹南风,秋天吹西风,冬天吹北风,这种季节与风向的对应在中国古代的文学作品中尤为凸显。例如秦观的"东风吹柳日初长,雨余芳草斜阳",欧阳修的"满眼东风飞絮,催行色,短亭春暮",辛弃疾的"东风夜放花千树,更吹落、星如雨"等,这些有东风的诗句都是在描写春天的景致;王昌龄的"南风开长廊,夏夜如凉秋",白居易的"田家少闲月,五月人倍忙。夜来南风起,小麦覆陇黄"等以南风为媒写出了夏天的场景;陆游的"扇底无残暑,西风日夕佳",马致远的"枯藤老树昏鸦,小桥流水人家,古道西风瘦马"等借西风写出了秋日的意蕴;辛弃疾的"木落山高一夜霜,北风驱雁又离行",杜甫的"萧萧北风劲,抚事煎百虑"等写出了寒冬的严酷。每个季节都有特定的自然现象,春天到来燕子会做窝定居;夏日里,烈日当空,挥汗如雨;秋天是收获的季节,庄稼熟了,果子甜了,大人们笑了,孩子们也乐了;冬天寒风凛凛,雪花漫天,即使如此,孩子们也能寻得自己的快乐,堆雪人、打雪仗、过大年,迎接新一轮四季更迭。

在我国,勤劳智慧的农民通常按照二十四节气安排农业生产。《孟子·梁惠王上》写道："不违农时,谷不可胜食也。"在有序安排生产的同时,农人也殷殷关注着收成,在长期的劳作中,人们发现时令节气对农业生产的影响很大,于是将这些经验予以总结,并通过口口相传的形式传给下一代,同时还将这种经验创编于童谣中,将农业经验与儿童认知相结合,饶有趣味。例如童谣《春分》：

[①] 陈俊红.四季童谣[M].石家庄:河北美术出版社,2019:19.

第一章 "追根溯源"知童谣

春分[1]

春分降雪春播寒,春分无雨划耕田。
春分有雨是丰年,家家户户无人闲。

春分,二十四节气之一,是春季第四个节气。二十四节气是我国农耕文明的产物,传统四季划分是以"四立"作为起始。在春分时节,家家户户都会在田间忙着播种,大家都不愿错过这一年中最好的播种时节。好的播种也就意味着好的收成,如果在这一时节,天空正好下起小雨,农民必定喜上眉梢,这样的天气对种子的发芽极为有利,因此,人们认为"春分有雨是丰年"。一年之计在于春,勤劳朴实的农民在春天播种下象征幸福生活的种子,必然会在收获的季节享受丰收的快乐!

大自然中的风、雨、雷、电在孩子的眼中都是神奇的存在,春天的风和冬天的风为什么会不一样呢?为什么会打雷闪电?为什么"春雨贵如油"?这些问题对于孩子来说也许很难回答,但他们能在成长的过程中去一一体验,然后随着知识的增加和生活经验的丰富,慢慢找到答案。其实,大自然中的风和雨、雷和电、日与月,既是每个孩子心中神奇的小问号,也是奇幻的表演、美丽的图画、最有趣的玩具。例如童谣《雪人》:

雪人[2]

天上雪花飘,我把雪来扫,
堆个大雪人,头戴小红帽。
安上嘴和眼,雪人对我笑。

雪花、雪人,是每个北方孩子冬天快乐的源泉,是每个南方孩子最美的童话。每当冬天来临时,北方的冬天便被装点成银装素裹的童话世界,雪花一片片从天空飞舞着落下,地上、树上、屋顶上、小山上,到处都是白茫茫的,仿佛世界都安静了。小孩子们在大孩子们的带领下拿上扫帚,出门扫雪。路边的雪妙处更是多,可以打雪仗,还可以堆雪人,雪人宝宝可是孩子们冬天的"新宠"。先滚一个大雪球,当作雪人的身体,再滚一个小雪球,当作雪人的头,最后把两个雪球叠在一起,一个雪人就成型了。最后再给雪人戴上小红帽,用胡萝卜当鼻子,煤球做眼睛,一个可爱的雪人就做好了。冬日里,雪人是孩子们的小伙伴,更是孩子们童年最美的故事,漫天飞舞的雪花飘荡着孩子们整个冬季最浪漫的梦。

---

[1] 陈俊红.节气童谣[M].石家庄:河北美术出版社,2019:5.
[2] 陈俊红.认知童谣[M].石家庄:河北美术出版社,2019:12.

(三)传统文化与童谣

文化是一个较大的概念,是一种社会现象,是人们在长期的生产生活中创造、形成的产物。同时,文化也是一种历史现象,是社会历史的积淀物。英国人类学家爱德华·泰勒认为文化是包括知识、信仰、艺术、法律、道德、风俗以及作为一个社会成员所获得的能力与习惯的复杂整体。文化是由人类所创造,有了人类社会,才有了文化。

传统文化是文明演化而汇集成的一种反映民族特质和风貌的文化,是各民族历史上各种思想文化、观念形态的总体表征。其内容是历代存在过的各种物质的、制度的和精神的文化意识。世界上各个国家、各个民族都有自己的文化,中华传统文化以儒家、佛家、道家三家之学为支柱,包括思想、文字、语言、书法、音乐、舞蹈、曲艺、美术、节日、民俗等。传统文化与我们的生活息息相关,其特点主要有以下四方面:

第一,世代相传。中华传统文化在某些短暂的历史时期内有所中断,在不同的历史时期或多或少有所改变,但是大体上没有中断过,因此,总体来说,变化不大。

第二,民族特色。中华民族的传统文化是中国特有的,与世界上其他国家的传统文化不同,其显著特点是儒、佛、道三家文化共同支撑,又相互融合。

第三,历史悠久。中国的各种传统文化都具有上百年甚至上千年的历史。

第四,博大精深。中华传统文化形式多样,丰富多彩,具有一定的深度和广度。

童谣在其诞生、发展的过程中,受中华传统文化的影响,其内容体现了中华民族的传统文化,如民俗、戏曲、音乐、书法、节日等,孩子们可以在轻松愉快的童谣中领略我国传统文化的魅力。

剪纸是用剪刀或刻刀在纸上剪刻各种花纹,用于装点生活、迎接节日或民俗活动的传统民间艺术。2006年,剪纸艺术遗产被列入第一批国家级非物质文化遗产名录。在中国无论是过节还是结婚,只要是喜庆的日子都会剪纸、贴窗花儿,这已经成为人们日常生活中不可或缺的一部分。剪纸不仅是一种传统文化、一种民间艺术,更是中国人对美好生活的一种愿景,对快乐情绪的一种表达。童谣中也将这种传统的文化艺术进行了最质朴的传承。如童谣《马大嫂》:

马大嫂[①]

马大嫂,手真巧,两把剪子一起铰。

铰个桃,桃有毛,铰个蝴蝶花丛绕。

童谣中的"铰"是指用剪刀剪。马大姐是一名心灵手巧的邻家阿姨,擅长剪纸,"两把

---

① 陈俊红.晚安童谣[M].石家庄:河北美术出版社,2019:14.

剪子一起铰",生动地描绘了马大姐剪纸技术的高超,可以用两把剪子同时剪纸,当然这也许是夸张,只是为了强调马大姐的剪纸技术好,手特别巧。"铰个桃,桃有毛",剪个桃子不算什么,可是能够把桃子上细小的茸毛以剪纸的方式表现出来,足以显示剪纸人的技术水平;"铰个蝴蝶花丛绕"这一句就更加彰显了剪纸人高超的剪纸技艺,剪出的蝴蝶如同活过来一般,栩栩如生。这首童谣以简短的语言,以儿童的视角形象地反映出我国民间艺人高超的技能,这种技能是在长期的实践中练就的。这首童谣不仅让孩子们了解了我国优秀的剪纸艺术,还告诉孩子们,高超的技艺是要靠长期勤奋的练习得来,体现了中国人智慧与勤劳的传统美德。

戏曲是中国传统艺术之一。剧种繁多且有趣,表演形式载歌载舞,集"唱、念、做、打"于一体。以集古典戏曲艺术大成的京剧为例,一是男扮女;二是划分生、旦、净、丑等行当;三是有夸张的化装脸谱;四是"行头"有基本固定的式样和规格;五是表演极具"程式化"。对于中国的孩子们而言,戏曲绝不仅仅是一种艺术,而是童年的趣味,精彩的武生表演、令人捧腹的丑角表演以及五花八门的京剧脸谱,这些有趣的传统元素走进了童谣,走进了孩子们多彩的童年。例如童谣《四色儿脸》:

四色儿脸[①]

白脸儿的好汉数罗成,岳飞在校场显威风,
标名报号高君宝,长坂坡杀出了赵子龙。
红脸儿的好汉数云长,杀人放火是孟良,
手把大刀王君可,赵匡胤千里送京娘。
黑脸儿的好汉数李逵,三国倒有个毛张飞,
手执钢鞭黑敬德,包文正过堂让过谁。
黄脸儿的好汉数秦琼,翠屏山杀妻是杨雄,
白脸儿的狠,红脸儿的横,
黑脸儿的打仗不要命,黄脸儿的一急就杀生。

童谣《四色脸儿》以我国的传统艺术——京剧中的脸谱为题材,描写了我国历史、文学中的著名人物和事件。孩子们对颜色很敏感,京剧中的脸谱通过不同的颜色表现人物性格,成为吸引孩子的一个重要因素。正所谓,演员一上台,好人坏人一看便知。红色脸谱通常表现的是忠勇侠义的正义之士,属正面角色,如童谣中的关云长为《三国演义》中的人物,是忠勇侠义的代表人物。黑色脸谱通常用于刚毅、耿直、铁面无私的角色,如童谣中的

[①] 金波.中国童谣故事绘本[M].重庆:重庆出版社,2022:22-23.

包文正即包拯，是宋代著名的清廉之官，断案铁面无私，深受百姓喜爱。黑色脸谱也是孔武有力、粗犷鲁莽的象征，例如童谣中的张飞是《三国演义》中的人物，为人耿直、豪爽。白色脸谱多用于表现狡诈、阴险、狠毒等人物，黄色脸谱代表着性格暴躁、勇敢善战，也用于表现彪悍凶猛、残忍的人物形象。因此童谣《四色脸儿》最后也写道："白脸的狠，红脸的横，黑脸的打仗不要命，黄脸的一急就杀生。"传统的戏曲在很长的时间里都是中国人最喜爱的表演艺术之一，无论城镇还是乡村，只要戏班子有演出，必定有众多观众捧场。孩子们也跟着大人一起欣赏戏曲艺术的魅力，那五彩的脸谱，那华丽的戏服，那咿咿呀呀的唱腔，那精彩绝伦的表演，不仅打开了孩子们欣赏美、认识美、感受美的窗户，还以动态的方式将我国的传统艺术刻入孩子们童年的记忆中。

每个孩子都盼望着过节，尤其是春节，在春节期间，孩子们可以尽情玩耍，和小伙伴们一起堆雪人、放鞭炮、玩灯笼，还可以收长辈们的压岁钱。传统节日中的民间习俗，既是中华民族优秀文化的传承，更是孩子们童年最美的记忆之一。其实除了大家熟知的春节，中华民族还有很多传统节日，如元宵节、清明节、端午节、中秋节等。如每当元宵节来临时，家家户户都喜气洋洋地做元宵，孩子们可以围坐在一起，吃着甜甜的元宵，希望这一年都会甜甜的；接着就是元宵节最具特色的花灯会，大街小巷挂满形形色色、五彩斑斓的花灯，热闹的气氛让元宵节充满了欢乐。转眼间清明节到了，孩子们会跟随大人去给先人扫墓，春天的郊外总是格外美丽，到处都是嫩绿嫩绿的，一样散发着勃勃生机。当空气中飘荡着粽叶香味和艾叶香味的时候，端午节也悄悄来临了，除了各种好吃的粽子外，还有好玩的划龙舟比赛，对于孩子们来说真是又好吃又好玩！七月七，传说是牛郎和织女相会的日子，长辈们会在这天晚上给孩子们讲牛郎和织女的故事，孩子们也会望着夜空想象着银河上的那座鹊桥，想着自己也能有一个像故事里一样的会说话、有神力的大黄牛，总之，七夕就是一个充满神话的节日。月亮最美的时候就是中秋节了，望着月亮，吃着红豆沙味儿的、蛋黄莲蓉味儿的、云腿味儿的……月饼，每一个都是团圆的味道，就像天上的月亮一样，圆圆的、亮亮的、柔柔的。当鞭炮响起的时候，一年一度的春节到了，这是一年中最快乐的时光，家人们都聚在一起包饺子、做年夜饭、写对联、贴窗花等，孩子们还可以穿上新衣服，大人们一年的辛劳都得到"化解"，孩子们一年的快乐得到彻底释放，春节，是所有中国人最幸福的节日。

中国是一个尤其重视"孝道"的国家，无论是"父慈子孝"，还是"母慈子孝"都体现出中国传统观念中家庭和睦的重要性。父母要慈祥，儿女要孝顺，这是双方的责任。古人认为："身体发肤受之父母，不敢毁伤，孝之始也。立身行道，扬名于后世，以显父母，孝之终也。"随着社会的进步，人们对"孝"也有了更多、更全面的认识。"孝"更多的是陪伴，是对家中长辈的尊敬。尊敬父母、祖父母等家中长辈，时常陪伴在他们身边，让他们安度晚年，享受天伦之乐,这种孝顺才是最实在的。孝顺长辈是中华民族的优良传统,是中华儿女世代传承的传统文化,无论是社会还是家庭都应对孩子从小进行"孝"的教育。例如童谣《小板凳》:

小板凳[①]

小板凳,四条腿,我给奶奶嗑瓜子,

奶奶嫌我脏,我给奶奶擀面汤,

面汤没搁油,我给奶奶磕仨头。

此童谣描写了祖孙二人日常生活中相亲相爱的画面,语言逗趣顽皮,展现了祖孙二人的亲昵。奶奶年纪大了,小小的、四条腿儿的板凳稳稳当当,奶奶坐上去才不会摔倒,这是小小孩儿的细心之处,年纪虽小却时刻把奶奶挂在心上,连给奶奶坐的板凳都要悉心挑选。奶奶老了,牙不好,嗑不动瓜子了,小小孩儿用自己稚嫩的牙齿给奶奶嗑好瓜子,让奶奶可以美美地吃上瓜子仁。奶奶心疼孙儿,不舍得让他嗑瓜子壳,便假装说嫌他脏,其实心里满满的都是幸福,这就是大人对孩子的爱。小小的身躯在灶台忙活,因为奶奶饿了,小小孩儿要给奶奶做面汤,和面、擀面、烧火、煮面皮儿、放作料,最后把做好的面汤端给奶奶吃。奶奶一吃,"哎哟,没搁油",奶奶哈哈大笑,心疼地抚摸着小小的手,感受着小小孩儿的孝心。小小孩儿立马跪在地上给奶奶磕头道歉。奶奶哪里舍得责怪这可爱的人儿。短短的童谣,满满的孝心,深深的感动。奶奶的慈爱,孙儿的孝顺,这就是我们中华民族最美的传统。

第二节 溯——童谣的历史源流

童谣在我国历史悠久,根据现有资料,童谣最早出现在两千多年前的战国时期,记载于《左传》中。有学者认为我国最早的童谣是《国语》中的《郑语·周宣王》所载:"檿弧箕服,实亡周国。"我国古代的童谣通常都以反映当时的社会现实为主,而且当时的人喜欢利用童谣预言时政,以此引起社会舆论,从而达到一定的政治目的。因此,古代的很多童谣被收录在《五行志》里。在漫长的封建社会中,统治者利用、制造童谣,给童谣增添神秘色彩,用其排除异己,篡夺政权,即使是劳动人民所创作的童谣,也常带有宗教或迷信的成分,这主要是因为:一是在封建社会,整个社会都充斥着神学的色彩,影响人们的思想;二是在神

---

① 陈俊红.晚安童谣[M].石家庄:河北美术出版社,2019:12.

学色彩的掩饰下，一些带有政治目的的童谣创作者可以避免被迫害。恩格斯曾指出，不要全盘否定"中世纪宗教的历史"。同理，我国古代的童谣也不应因其自身的某些神学色彩而被否定，应该客观分析童谣存在的历史背景和童谣的发展脉络，深入探寻童谣的发展规律，从而发现童谣之真，童谣之美。

一、童谣的源起

古代童谣的源起带有浓郁的预言色彩，这与古代盛行的占卜活动有着密不可分的联系。《史记·晋世家》载有春秋时一条晋国童谣："恭太子更葬矣名。后十四年，晋亦不昌，昌乃在其兄。"《史记·秦始皇本纪》载："《录图书》曰亡秦者胡也。"童谣在这样一个时期被认为是"诡为隐语，预决吉凶"的谶语。《丹铅杂录》中作者以"童谣有'小儿天上口'之谶"为戏。一般来说，在古代，一首新的童谣流传总是让人有一种"不祥之兆"，其创作背景通常是社会混乱、政治腐败、民心浮动，而一首新的童谣的诞生必定带有一定的预言成分，使得人心涣散，谣言四起。例如，汉代桓灵之时和元代顺帝之时都有大量童谣产生，可见每到历史上最黑暗的时期，也是童谣最为"兴盛"的时期。这种观点也在古人的记载中得到验证。《续汉书·五行志》中就指出，童谣产生与"大臣并僭专权"。《汉书》为班固所著，其在《五行志》中收录了五首童谣。《五行志》所记载的大多为未能顺天行气而导致的各种灾异，而将童谣收录其中，则是认为童谣与天命气运相联系，可以预测吉凶。当时的这种观点可以说导致了童谣的"荧惑说"。荧惑，乃古人对火星的称呼，因其为金红，荧荧如火，时常变化，令人迷惑，故称之为"荧惑"。这在王充的《论衡·订鬼》中得到论证：

"天地之气为妖者，太阳之气也。妖与毒同，气中伤人者谓之毒，气变化者谓之妖。世谓童谣，荧惑使之，彼言有所见也。荧惑火星，火有毒荧，故当荧惑守宿，国有祸败。"从这里可以看出，在汉代时，已经有了童谣是"荧惑使之"的说法。在《晋书·天文志》中载："凡五星盈缩失位，其精降于地为人……荧惑降为童儿，歌谣嬉戏……"。这便进一步将"荧惑说"理论化了。此后，各种与之相关的事件更是坐实了童谣的"荧惑说"。元代顺帝末年流传童谣"莫道石人一只眼，挑动黄河天下反"，后来爆发了红巾军起义，使元朝走向了灭亡，事后，人们都认为是在治理河水时挖到了石人，验证了童谣所致。当然，明初主持修撰《元史》的名臣宋濂对这种观点进行了反驳："元之所以亡者，实基于上下因循，狃于晏安之习，纪纲废弛，风俗偷薄，其致乱之阶，非一朝一夕之故，所由来久矣。"元朝的灭亡源自其本身的腐败，童谣只是对当时社会混乱的隐性反映而已。可见，明代以前的童谣大都与历史事件相关，简单的语言却隐藏着深层的含义，这些童谣通常由成人创作，并口传于儿童，让儿童在市井街头传唱，孩子们虽喜爱这种朗朗上口的语言形式，但并不懂其所表达的含义。其实，这种所谓的童谣根本不是孩子的情感表达，而是成人以儿童之口表达自己的意见，

第一章 "追根溯源"知童谣

因出自儿童之口而被冠以"童谣"之名而已。

童谣作为一种民间歌谣,在大多数读书人眼中,被视为鄙俚芜杂。在传统的士大夫们看来,只有统治集团和文人雅士们创作的才是正统文化,而童谣这种流传于民间的歌谣是难登大雅之堂的。清代朱彝尊在记录童谣《狸脚斑斑》时指出:"此予童稚时偕闾巷小儿联臂足而歌者。不详何义,亦为有验。"古代童谣正是在这种"不详何义,亦为有验"中被埋没,以至于后世很难找到真正编辑成书的古代童谣。

二、古代童谣的流变

童谣在很长一段历史中一直被曲解、利用,没有真正体现其自身价值,社会对童谣存在极大的偏见与误解,直到宋代,这种情况才略微发生了变化。宋代,郭茂倩的《乐府诗集》问世,共一百卷,其中"杂歌谣辞"有七卷,这是我国历史上首次对童谣进行跨越朝代的大规模整理。这种改变与当时社会的稳定以及人们认知的不断更新有着紧密的关联。朱熹的理学通过精微的哲学论证构建了一个形而上的"理世界",从而推翻了之前的非理性色彩,"荧惑说"观念所存在的空间也就日趋变窄。虽然宋代的童谣不再受"荧惑说"影响,但依然没有回归其本质,大多数与朝政有关,与民意相连,却与儿童本身无关。到了元代,童谣重新入驻具有谶言意义的《五行志》中,一切似乎又回到了原点。

到了明清时期,学者们重新审视童谣,拭去童谣浓厚的政治色彩和迷信成分,让童谣回归儿童本体,这时,童谣创作才逐渐开始真正以儿童为中心,成为真正意义上的童谣。

(一)初现端倪

《明史》在二十四史中卷数仅次于《宋史》,而童谣只记载了一首,而且依然有迷信色彩。《明史》记载:"正统二年,京师旱,街巷小儿为土龙祷雨,拜而歌曰:'雨帝雨帝,城隍土地。雨若再来,还我土地'。"

明代地方志《帝京景物略》中载:"凡岁时不雨,家贴龙王神马于门,磁瓶插柳枝,挂门之傍。小儿塑泥龙,张纸旗,击鼓金,焚香各龙王庙,群歌曰:'青龙头,白龙尾,声作以,小孩求雨天欢喜。麦子麦子焦黄,起动起动龙王。大下小下,初一下到十八。声作巴,摩诃萨。'"

这是一首祈雨仪式的记叙,且在记叙祈雨仪式后,续文记叙了在初雨之后儿童所诵的另一首童谣:"风来了,雨来了,禾场背了谷,声作志来了。"可见,在宋代,童谣的内容虽不再具有浓郁的政治色彩,但仍然有一定的迷信色彩,是为成人而服务的。如果说上述童谣依然没有回归童谣的本质,那么同样在《帝京景物略》中记载的另一首童谣则是真正体现了童谣的趣味性和儿童性:"杨柳儿活,抽陀螺。杨柳儿青,放空钟。杨柳儿死,踢毽子。

杨柳儿发芽儿，打拔儿。"从中可以看出，这是一首纯粹的、具有童趣的童谣。童谣中每句话都以"杨柳儿"开头，这种回环复沓的形式既符合儿童的语言习惯，能够引起儿童吟诵的兴趣，还可以锻炼儿童的语言能力。同时该童谣简短押韵，儿童在吟诵的时候十分顺口。

在《帝京景物略》中，呈现出两种功能不同的童谣，一种是为成人服务的，而另一种则是完全服务于儿童的，因此，可以看出明代是童谣的转折期，童谣的内容和功能在逐渐回归本真。

（二）回归之初

我国古代童谣到了明代才真正呈现出一派新气象。明代学者杨慎的《丹铅总录》卷二十五中载："童子歌曰童谣，以其言出自胸臆，不由人教也。"这说明，当时的学者们已经认识到，童谣不同于成人的诗歌，童谣是属于儿童的文学形式，是儿童无忧无虑、纯真无邪的外在表达。同时，杨慎所编撰的《古今风谣》是我国第一部编辑成书的古代民谣集，其中记载了不少古代童谣。而目前我国最早的童谣集是由明代文人吕坤所编撰的《演小儿语》，他搜集了流传于山西、陕西、河南、河北等地的共四十六首童谣，并进行了改写，在这些童谣中加入了劝诫之言、述理之语，以达到"教子婴孩，蒙以养正"的目的。吕坤之父吕得胜先生还为该书作序："童时习之，可为终身体认，庶几有小补云。"吕家父子为童谣赋予了教育意义，这种理念在当时已经非常有创新性。同时，他们还认为童谣应迎合儿童的兴趣，提出童谣应"使童子乐闻而易晓"。这些理念和言论在很大程度上有利于当时的人们重新认识童谣，了解童谣的本质。这种现象并非偶然，而是历史的发展所促成的。

明代朱元璋在洪武二年（1369年）定下文教政策："治国以教化为先，教化以学校为本"，从而形成了"明代学校之盛，唐宋以来所不及也"的局面。学校在当时有了更加重要的地位，而学校教育的主要对象就是儿童，这为童谣的回归提供了有力保障。明代朱熹是中国教育史上举足轻重的教育家，他强调儿童教育、研究儿童教育。他将自己关于儿童教育的理念凝聚到自己所编撰的童蒙读本中，其中以《小学》和《童蒙须知》影响最大。《童蒙须知》主要是为儿童立规矩，意在培养儿童良好的道德行为和学习、生活习惯。《小学》则是一本辑录古代圣贤"嘉言懿行"的童蒙阅读教材。两本书虽是专为儿童所著，但内容细琐刻板，在一定程度上与儿童的天性相悖，对于儿童来说还是较为沉重的。明代王阳明则指出儿童教育应依循儿童性情，顺应其年龄和身心特点，并提出培养儿童应当"诱之歌诗""导之习礼""讽之读书"。可见，与朱熹的教育理念相比，王阳明更加随和，朱熹重注塑造儿童的德行，王阳明则注重引导方式，二者相比王阳明的教育理念无疑更为先进，更为适合儿童。李贽是王阳明的后学，他对"童心"倍加推崇，他认为："夫童心者，绝假纯真，最初一念之本心也。若失却童心，便失却真心；失却真心，便失却真人。"李贽指出，对于教育而言更重要的目的是"护此童心而使之勿失"。可见,明朝,尤其是在王阳明之后,儿童和童谣在文人眼中的地位越来越高。与此同时,童谣才算是真正摆脱了"荧惑说",打开了真正的童真、童趣之路,绽放出耀眼的光芒,以本来的面貌存在于儿童的世界中,并发挥着独特的育人作用。

(三)真正回归

到了清代初期,《大清律例》规定:"凡造谶纬妖书妖言及传用惑众者皆斩……凡有狂妄之徒因事造言,捏成歌曲,沿街唱和及以鄙俚亵嫚之词刊刻传播者,内外各地方官即时察拿,坐以不应重罪,若系妖言惑众,仍照律科断。"童谣因此而变得沉寂。直到清代后期,积淀了几百年的童谣如雨后春笋般纷纷涌现。同治八年(1869年)浙江书局印刻钱塘郑旭旦编辑的《天籁集》,这是一部纯粹意义上的童谣集,共记载童谣四十八首。之后山阴悟痴生编辑童谣集《广天籁集》,记载童谣二十三首。两本童谣集所记载的多为江浙一带流传的童谣。《天籁集》和《广天籁集》这两本童谣集共七十一首童谣基本都是儿童生活中的所见所闻,都是属于儿童自己的歌谣。

光绪四年(1878年),范寅搜集整理了当时越地(绍兴)的方言童谣三十二首,著成《越谚》。据说范寅在编撰《越谚》时,经常召集附近的孩子们,发给他们糖果,让他们唱歌给自己听。可见《越谚》中的童谣都是当时越地孩子们口头流传的,因此书中的童谣基本都为绍兴当地的方言,甚至还有范寅自创的"新字"。范寅曾说:"妇孺皆言经典,宇宙无谚,其势安能?"可见,他对童谣等民间文学史极为推崇。

1896年,意大利人韦大利编撰了《北京的歌谣》一书,内有童谣一百七十首。韦大利在十九世纪末,走上北京的街头巷尾通过与民众的交流,用田野调查的方式艰难地收集了大量珍贵的中国儿歌。这源于他个人的认知,早在一百多年前,这位意大利人以自己独到的认知为中国的童谣平添了一部具有重要意义的作品,让百年后的中国人还能通过那一首首生动的童谣窥见当时北京城孩子们的日常生活。1900年,美国传教士何德兰收录北方地区的童谣,编辑整理成图文并茂的《孺子歌图》,并在美国纽约出版。

清代后期的童谣回归其实也是明代童谣回归之初的延续。而童谣能够在这一时期得到众多文人学者的关注也与当时的相关政策、人们的教育理念有着一定的关系。清末颁布的《蒙养院章程及家庭教育法章程》要求,保育应"就儿童最易通晓之事情,最所喜好之事物,渐次启发涵养之,与初等小学之授以学科者迥然有别"。而歌谣亦为保育条目之一:"幼儿在五六岁时渐有心喜歌唱之际,可使歌平和浅易之小诗,如古人短歌谣及古人五言绝句皆可,并可使幼儿之耳目喉舌运用舒畅,以助其发育,且使心情和悦为德性涵养之质。"可见,在当时,幼儿的教育已经得到了很大程度的重视。

从最初的"荧惑说"到"真正回归",童谣在几千年的流变中最终回到自己原本的位置,其中映射出的是中国传统的儿童观和儿童教育观的不断变迁。无论如何,童谣的回归历经沧桑,但最终还是回到了它原本应有的模样,这也为我国现代童谣的发展与创新奠定了基础。

三、现代童谣的创新

随着社会的不断发展,儿童教育越来越受到重视,童谣也越来越被幼儿教育工作者重视。儿童文学工作者也根据儿童的身心特点创作了大量现代童谣,如礼貌童谣、健康童谣等。在童谣的表达和运用上,幼教工作者也是推陈出新,真真实实地将童谣"玩"起来。

(一)童谣与故事

很多童谣都有叙事性的特点,儿童在诵读童谣的时候,往往对童谣中所蕴含的故事带有强烈的好奇心,渴望能够进一步对童谣进行探索,了解更多童谣中的情节。因此,很多幼教工作者会将简短的童谣进行一个延展性的讲述,充分满足儿童的好奇心,帮助儿童打开想象的空间。

(二)童谣与绘画

儿童喜欢用绘画的方式将自己脑海中的画面、情节予以展现,表达自己的想象。尤其是那种在现实中无法实现、无法看见的画面,在绘画的世界中完全可以天马行空地进行表达,这种方式也是儿童满足自我想象的手段。童谣中蕴含着大量的知识,无论是传统文化还是神话故事,无论是数字世界还是四季歌谣,都能打开儿童的认知,激发他们的好奇心与探索欲。儿童需要将想象的抽象画面进行具象的表达,绘画便是他们最好的表达方式之一。

(三)童谣与歌舞

歌舞一直以来都是儿童喜爱的艺术形式之一,当他们还在襁褓中就经常会听母亲为自己唱歌;当他们牙牙学语时就会模仿大人哼唱着不成调的歌曲;当他们蹒跚学步时,便会随着音乐挥舞小手,移动小脚,以最简单、最可爱的姿态舞蹈。可以说,喜爱歌舞是儿童的天性之一。在现代幼教工作中,童谣经常被谱上曲调,让儿童歌唱,并随着歌曲舞蹈,这更增强了他们对童谣的理解和喜爱。

总之,将童谣融入幼儿教育中,无论是在创作还是在运用上都更加多元化,更加符合儿童的天性和学习特点。幼教工作者只有将歌谣与绘画、文学、舞蹈等融为一体才能使儿童感到有趣并乐于学习。

第三节　寻——童谣的地域表现[①]

童谣的产生与发展都植根于中华民族深厚的文化中。而我国历史悠久,地大物博,东西南北不仅气候不同,风土习俗也有较大的差异,因此形成了各自的地域文化。童谣就是在这种地域文化中孕育而成的,具有浓郁的地域特色。

文化决定着一个民族的发展方式和方向。地域文化是指文化在一定的地域环境中与环境相融合且被打上了地域烙印的一种独特文化,具有独特性。地域文化的形成是一个长期的过程,是不断发展、不断变化的,同时又具有一定的稳定性。所谓一方水土孕育一方文化,在华夏大地上,不同社会结构和发展水平的地域自然环境、民俗风情孕育着不同的地域文化,如巴文化、蜀文化、闽文化、中原文化等。不同的地域文化中,童谣的形成与发展也有着其独特性。

一、岭南地区童谣

岭南指的是我国五岭之南,这五岭分别是都庞岭、越城岭、骑田岭、萌渚岭、大庾岭,大体分布在广西、广东、湖南、江西四省交界处。从地域上来讲,岭南文化又分为广东文化、桂系文化和海南文化三大块,尤其以属于广东文化的广府文化、客家文化、潮汕文化为主,构成了岭南汉文化的主体。客家童谣是岭南文化的重要组成部分,也是我国南方地区童谣的代表之一。客家人在牙牙学语之时便听童谣、唱童谣,在潜移默化中传承着客家文化,同时也向外界传递着客家文化。客家人重文崇教,具有耕读传家的意识形态,认为从小就应培养孩子勤俭持家、吃苦耐劳的精神,因此在客家童谣中蕴含着客家人传统的价值观。如客家童谣《蟾蜍啰》：

蟾蜍啰[②]

蟾蜍啰[③],咯咯咯;唔读书,冇老婆。

山鹁鸪[④],咕咕咕;唔读书,大番薯。

这首客家童谣模拟动物的叫声,激发孩子的诵读兴趣,同时将客家文化中的传统理念

[①] 注:由于我国地大物博,各个地区都有大量民间童谣,且本小节旨在以不同地区的童谣为例,对童谣的地域性特征展开介绍和说明,强调的是童谣的形成与地域文化的联系,而非介绍各个地域的童谣,因此本小节主要以岭南地区、东北地区和西南地区为代表,解读童谣的地域性特征。
[②] 陈菊芬,陈彦.客家童谣多元化创新传承体系的构建与探索[J].嘉应学院学报,2022(2):23.
[③] 蟾蜍啰:指癞蛤蟆。
[④] 山鹁鸪:指鹧鸪,也有说指斑鸠,在童谣中通常泛指山林里的小鸟。

融入其中,以教育孩子,如果不好好读书,将来是娶不到老婆的,如果不好好读书,将来会变成一个大番薯,被人耻笑。可以看出,该首童谣带有浓郁的客家文化,即重文崇教,认为孩子只有读书才会有更好的未来。客家人重视文化教育,通过童谣的方式将客家的文化内涵代代传承。

二、东北地区童谣

东北地区指我国的辽宁、吉林、黑龙江三省以及内蒙古东五盟市构成的区域,简称东北。东北地区物产丰富,农耕、渔猎、游牧产业较好,优越的自然条件为东北人的生存提供了较为宽松的环境,因此东北人普遍性格豪爽,知足常乐,把小日子过得和和美美。这种思想也体现在大量的东北童谣中,如东北传统童谣《婆婆丁》:

婆婆丁[①]

婆婆丁,水灵灵,骑红马,驾红缨。

红缨帽,穿白孝,白孝衫,顶大天。

天打雷,地下雨,张家闺女过大礼。

十二猪,十二羊,十二骆驼摆大墙。

大车拉的描金柜,小车拉的金毯箱。

在东北,人们把蒲公英叫做"婆婆丁",蒲公英花的花蕊部分是棕红色,花冠是白色,因此,在童谣中用"红缨帽,穿白孝,白孝衫,顶大天"来描述蒲公英的形态和颜色。在传统观念中,认为女孩子嫁到别人家就好像是蒲公英一样,要落地生根重新组建家庭开始新的生活。东北老百姓注重家庭,认为娶妻组建家庭是人生最重要的事,加之这里生活较为富足,在娶妻方面没有太大的压力,因此,人们非常重视婚嫁,也尤为讲究,有很多的风俗礼仪。在嫁娶之日,孩子们可以看新娘、吃喜宴,感受隆重而热闹的婚礼仪式。在这种氛围影响下,孩子们也喜欢玩娶媳妇、拜天地的游戏,在游戏世界中完成自己的人生仪式。因此,这首《婆婆丁》就以儿童的视角描绘出东北地区婚嫁的礼仪习俗。在东北的婚嫁习俗中过大礼是男方财力的一种表现。"十二猪,十二羊,十二个骆驼摆大墙。"这种简单夸张的语言表现了儿童文学的想象力和创造性。

东北地区有很多少数民族,如蒙古族、朝鲜族、锡伯族、满族等,因此,东北地区的童谣中也包含着大量少数民族的童谣,这些童谣蕴含着丰富的民族文化,具有强烈的民族特征。如满族童谣《耍灯笼》:

[①] 杨丽嘉.民间童谣文本中的东北民俗文化研究[J].满族研究,2012(1):120.

耍灯笼[①]

天黑了,要点灯,我朝阿玛要灯笼。

阿玛不让我嘟哝,领我到外边看星星。

河有灯,天有星,河灯挂在蛤蜊城。

蛤蜊城,城套城,城里住个蛤蜊精。

不管雨,不管风,只管黑夜去点河灯。

点浅滩,点深汀,点得满河尽灯笼。

这首满族童谣源自敦化额穆乡,蕴含着一个关于"蛤蜊城"的传说。据《吉林地志》记载,蛤蜊城为协和村北、拉林河南岸之地名。相传河中有一巨蛤蜊,长三尺许,壳含巨珠如鸡卵,入夜放光,照耀河面,居群蛤蜊中央为王。其余小蛤蜊,长尺许,环绕如城,亦各含珠,大似拇指甲。清代曾驻有四品旗官,专司采珠事,惟迄无获者。童谣中的蛤蜊精就是传说中的巨蛤蜊,蛤蜊精点灯则源于传说中蛤蜊口中东珠所放的光芒。该首童谣与当地的民间传说相呼应,反映出当地在清代时期为朝廷进献东珠的历史,蛤蜊城的传说在黑龙江五大连池也有流传,肇兴县和桓仁县还有蛤蜊城的遗址,可见此传说为东北地区特有,且主要流传于满族聚居地,展现了其特有的地域文化。

三、西南地区童谣

西南地区是中国七大自然地理分区之一,由重庆市、四川省、贵州省、云南省、西藏自治区五个省市区构成。西南地区主要有蜀文化、巴文化、黔文化、滇文化和藏族文化。

"蜀"指四川地区,蜀地是先秦时期西南地区文明程度较高、各方面发展较为迅速的地区。巴文化植根于现重庆地区,因地处峡江,巍峨的高山峡谷制约了其空间上的拓展,峡江水道取代了蜿蜒崎岖的陆路,成为巴地各部落往来的主要通道,因此巴国城镇的演进与蜀国大不相同,呈现出依附江河而生的成长状态;滇文化是云南地区的先民们利用境域内的自然资源,以渔猎、采集为生,在金沙江、澜沧江环抱界域中规模较大的"湖坝区域"展开的文明形态;藏族文化是藏族人民在青藏高原特殊的人文地理环境中,在漫长的自然斗争和社会实践活动中形成的具有民族特质的物质文明和精神文明的总和。

西南地区的童谣在其自身的发展过程中,吸收了区域内的民俗风情,成为当地民族文化的重要组成部分。不管是扎根于藏族地区的童谣,还是生长于云南地区的童谣;不管是厚植于巴文化中的童谣,还是蕴含着蜀文化的童谣,都是西南地区文化的瑰宝,反映了当

[①] 杨丽嘉.民间童谣文本中的东北民俗文化研究[J].满族研究,2012(1):122.

地社会历史的变迁,是西南地区民间口头文化遗产。如流传在四川地区的巴渠童谣《胖娃娃嘟嘟嘟》:

胖娃娃嘟嘟嘟[①]

胖娃娃嘟嘟,骑马上成都。成都又好耍,胖娃骑白马。
白马跳得高,胖娃耍弯刀。弯刀耍得圆,胖娃吃汤圆。
汤圆吃得多,胖娃屙坨坨。

"巴渠"指的是今四川的东北一带,此地乃川陕鄂渝四省的交界处,雄奇险峻的大巴山与滔滔不绝的渠江、州河在这里碰撞出奇秀的自然景观。"成都"历来是四川的省会,更是蜀文化的中心。四川人对成都自古以来都有着别样的情愫,尤其是节假日都爱带着家人去成都游玩。成都的繁华也对孩子们形成了一种吸引力,这在童谣《胖娃娃嘟嘟嘟》中也有体现。白马、弯刀都是当地孩子们喜爱之物,而成都则是巴渠地区孩子们向往的繁华闹市,去到那里可以吃上甜甜的汤圆,简单而朴实的愿望展现了孩童最天真烂漫的心灵。成都历来是富庶之地,有天府之国的美誉,其繁华与富足让当地人安居乐业,自然成为四川人心之所向。童谣以简短的语言呈现出当地人的心理状态,反映出当时成都的繁华景象。

地域文化与童谣有着密不可分的联系,每个地方都有展现自己地域独特魅力的童谣。这些童谣在地域文化的孕育中诞生,在地域文化的滋养中成长,在地域文化的支撑下发展,成为地域文化的重要组成部分,也是地域文化的展现,更是地域文化代代传承的媒介。

[①] 朱妍姣,胡蓉,僧希林.巴渠童谣艺术类型与当代价值研究[J].新纪实,2021(16):93.

第二章 "以美育人"话童谣

美是纯洁道德、丰富精神的重要源泉。美育又称为美感教育,在对孩子的教育中要培养孩子认识美、体验美、感受美、欣赏美和创造美的能力,从而使孩子们具有美的理想、美的情操、美的品格和美的素养。

美育,狭义的定义为"美感教育""审美教育""审美观和美学素养教育"等。而广义的美育则是"将美学原则渗透于各科教学后形成的教育"。从狭义的定义走向广义的定义,美育应实现从形式走向实质,这里的"形式美育"指的是以培养对象的审美素养(如审美观、欣赏美和创造美的能力等)为目标的教育活动。而"实质美育"则以上述目标为手段,追求美育的精神实质:人生的美学趣味和教育的审美境界。

"美育"的概念,是在十八世纪五十年代鲍姆嘉通建立"美学"学科体系之后,由席勒提出来的。但关于美育的实践与美育的意识,我国早在西周时期已初步建立。周公"制礼作乐",将伦理关系与"诗、乐、舞"等艺术相结合,形成了一套系统的礼乐制度,既是治理国家的法律、制度,又是对当时贵族子弟教育的方式。我国古代的大教育家孔子则是将教育从国家政治中独立出来,形成以"六艺"为主的教育体系,这实际上就是一套系统的美育课程。孔子在音乐、舞蹈、诗歌等艺术领域充分展现了其美育的思想,奠定了我国古代美育的思想基础。我国的美育是为建设社会主义精神文明和培养学生心灵美、行为美服务的。其基本要求是:美育内容的思想性与艺术性相结合;情绪体验与逻辑思维相结合;美育的内容与学生实际生活相结合;艺术内容与表现的方法要统一;美育应在全面发展的前提下因材施教;美育过程应注意学生的年龄特点。"美"的培养为孩子打开了一生中认识美、感受美、创造美的大门,是其后续美育教育的启蒙,因此,找到孩子的兴趣,培养孩子对"美"的认知,帮助孩子从小建立"美"的意识,是每一位家长,以及每一位幼教工作者的责任。

第一节 童谣之美

童谣对于孩子们的美育启蒙有着重要的作用,从襁褓开始,孩子们就在母亲哼唱的美妙的摇篮曲中感受着"美",这种美,有着母亲浓浓的爱意,有着人间至真之美;当孩子们牙牙学语后,大量蕴含着传统文化、生活知识的,充满童真童趣的童谣便陪伴着他们,装点着他们的童年生活。童谣是有趣的,童谣是美的,童谣也是孩子们童年生活最美的回忆。

一、纯真之美

童谣既是一种民间文学形式,也是一种儿童文学,是孩子们抒发真实情感的重要方式。明代学者杨慎曾指出:"童子歌曰童谣,以其言出自胸臆,不由人教也。"

童谣的童真之美主要有以下三个方面:

一方面是童谣文本的真实性。童谣以忠实的白描笔法客观地描述着老百姓的日常生活、人情世故以及精神面貌,例如流传在河北省白洋淀的童谣:"一根卡线长长,两把卡钩拴上。三更天儿合合眼,四更天里去划桨。五更天里星星退,浪花送我来起网。"[1]短短几句童谣反映出白洋淀地区渔民的真实生活,表现了当地渔民勤劳朴实的日常生活,充满着自然和谐的乐趣。

一方面是童谣情感的真实性。例如流传在重庆地区的童谣:"推磨,摇磨,推豆子,磨豆腐,幺乖儿(小孩)要吃菜豆腐,打碗米来煮,煮又煮不熟,抱着(抱到)罐罐哭。"这首传统童谣在川渝地区广泛流传,通常是长辈哄孩子玩耍时带着孩子一起朗诵的。"幺乖儿"是当地长辈对幼儿的爱称,意为最受宠的孩子;"菜豆腐"是当地土家族最喜爱的一道农家美食之一。孩子都嘴馋,喜欢美食是天性,而兴致勃勃地劳动,结果却吃不着美食,自然会撒娇哭泣,因此,童谣中会出现"抱着(抱到)罐罐哭"的句子。这恰恰生动地展现了孩子在生活中最真实、最自然、最纯真的情感状态,因为吃不着,所以会哭泣,没有任何修饰,更不会有任何隐忍,诠释了"童心者,真心也"[2]的真正内涵,使儿童在童谣中感受到童年生活的真实与美好。

一方面童谣蕴含着强烈的批判精神。例如:"嫁给鸡,随鸡飞,嫁给狗,随狗走,嫁给狐狸咬儿手。"这是一首描写旧时婚姻观的童谣,所谓"嫁鸡随鸡,嫁狗随狗"。在古代,女孩子的婚姻都是父母之命媒妁之言,自己不能主宰自己的婚姻,有的在很小的年龄就出嫁为人妇,甚至还有童养媳。在这种婚姻制度下,不管对方是什么样的人,女子一旦出嫁便是一辈子,哪怕是嫁给了一个极为不如意的男子,也必须过完一辈子,就像被狐狸咬住了手

---

[1] 韩丽梅,吕家瑞,张鹏燕.河北童谣的"生活美"[J].河北民族师范学院学报,2018,38(2):10.
[2] 李贽.焚书·续焚书[M].长沙:岳麓书社,1998:97.

一样,被"套牢"一生。这首童谣是对当时女子婚姻制度的一种强烈批判。旧时男女成婚,必须由媒人上门提亲。如"小猫、小猫你在家,我去南地摘棉花。一亩棉花没摘起,两个媒婆到咱家。小哩没长十来岁,大哩没长十七八。粗布鞋,不会纳,洋布鞋,蠢疙瘩……"这首童谣生动地描写了旧时媒婆到女子家提亲的场景。十来岁的小女孩,还属于儿童,就有不少媒婆上门提亲,女孩甚至还不会做针线,就要面临谈婚论嫁,足以看出当时女孩子的童年是多么短暂,从生下来就在为出嫁做准备,若是家中父母疼惜会多留几年,待到十七八岁再出嫁,否则,小小年纪便会远离父母,去一个陌生的家庭过完一生。童谣以生动的语言描述了当时女孩所处的社会环境,并以戏谑的文字批判着这一现象。

二、自然之美

东汉王充在《论衡·纪妖篇》中曰:"性自然,气自成,与夫童谣口自言,无以异也。当童之谣也,不知所受,口自言之,口自言,文自成,或为之也。"这明确指出了童谣就是唱诵之人"口自言,文自成"的自然表达,其在传播的过程中具有"不知所受"的集体性。这种观点与李贽所提出的"最初一念之本心也"[1]相合,他要求在艺术创作中要有初心,也就是未经污染的自然心性。可见,童谣的自然美已经从"传统的反对雕琢、文饰的含义,扩大为对从内容到形式的一切清规戒律的否定"[2]。在童谣中经常可以看到在传统的精英文学里难以找到的对人物形象及其情感的自然描写。如童谣《太阳出来一点红》:"太阳出来一点红,画眉相打跳过笼。水牛相撞团团转,公鸡相打跳过东。"这是一首描写自然之美的童谣,其动态刻画了画眉、水牛、公鸡等动物在太阳初升之时的活动,打、撞、转、跳这些动词将动物们拟人化,就像孩子们的朋友一样,生机勃勃,充满灵气,招人喜欢。

三、情趣之美

李泽厚先生曾对"情趣"做过一段论述:"并非情感的任何抒发表现都能成为艺术。主观感情必须客观化,必须与特定的想象、理解相结合统一,才能构成具有一定普遍必然性的艺术作品,产生相应的感染效果。"[3]可以看出,李泽厚先生指出的主观感情就是"情",艺术感染力也就是艺术作品所具有的"趣味性"。"情趣"并不是将"感情"与"趣味"进行简单的拼凑和组合,而是"感情"和"趣味"彼此渗透、相互融合,二者相辅相成,缺一不可。而童谣正是以纯真的情感和积极的生活态度表现出大千世界的千姿百态,以儿童的视角关注人、事、物,使童谣充满真挚的情感和纯真的趣味。如童谣《妹妹和娃娃》:"妹妹背着洋娃娃,走到花园来看花。妹妹哭了叫妈妈,惹得蝴蝶笑哈哈。"童谣以拟人化的手法刻画了

---

[1] 李贽.焚书·续焚书[M].长沙:岳麓书社,1998:97.
[2] 陈碧娥.李贽"童心说"的美学内涵[J].渝州大学学报(社会科学版),2001(2):80.
[3] 李泽厚.美的历程[M].北京:生活·读书·新知三联书店,2017:53.

儿童眼中的洋娃娃和蝴蝶,就像自己的朋友一样,和儿童一起玩耍、打闹,通俗的语言使童谣充满率性的童趣。又例如童谣《大皮鞋》:"大皮鞋,两头圆,忽忽悠悠像小船。一二一,走向前,忽然一下翻了船。"这首童谣将大皮鞋比喻成小船,表现出小孩穿大鞋的可爱状态,营造出特殊的艺术魅力和情趣魅力。可见,童谣中所蕴含的情趣美包含了人物生动的语言、行为所产生的幽默感,其美学内涵是多方面的,使儿童能够在心理和情感上与童谣产生共鸣。

四、形神之美

"童心说"推崇以形传神和形神并似的观念,这与美学概念的形神辩证关系不谋而合。童谣源于儿童生活,诵唱于儿童之口,流传于儿童之间,因而具备了形神具似的美学特征。如童谣《蜗牛》:"蜗牛蜗牛记性差,出门会忘家在哪儿。一边爬,一边画,画根银丝好回家。"这首短小的童谣描述了蜗牛寻找回家之路的技能。如"一边爬,一边画,画根银丝好回家"形象地刻画出蜗牛是如何做好印记以便回家的,"蜗牛蜗牛记性差",以拟人化的手法描述了蜗牛的特点,仿佛蜗牛和人一样有思维。童谣中的蜗牛既有本身所具有的行为特征,又有想象出来的思维特征,这也可以培养儿童的思维能力和想象能力。童谣的形神之美与纯真之美、情趣之美、自然之美都有着密切的逻辑关系,正是因为童谣纯真、自然、富有情趣,所以才能做到以形传神,形神兼备。

第二节　童谣中的艺术教育

一、艺术的表现形式

艺术由众多不同门类构成,而每一个艺术门类又有其下一级艺术形式并自成体系。艺术的表现形式呈现出多样性,随着社会、科技与艺术形式间的不断交叉融合,艺术的多样化发展越来越显著。划分艺术形式的标准是多种多样的,不同标准划分的结果也完全不同。根据儿童教育的规律和特点,以艺术形态的感知方式为标准,可将艺术划分为以下四种类型:

第一种是视觉艺术,包括舞蹈、杂技、建筑、绘画、雕塑、摄影、园林等艺术形式;

第二种是听觉艺术,包括曲艺和音乐等;

第三种是视听艺术,包括电影、电视剧、戏剧等;

第四种是想象艺术,主要是指文学,如童谣、故事等以书面或口头语言为手段塑造文学形象的艺术形式。

就感知方式而言,儿童艺术教育所涉及的艺术,主要是视觉、听觉和视听联动。

二、艺术的特征

艺术的特征是艺术本质的外在表现。如果将艺术视为一个完整的系统进行综合性考察,我们会发现,艺术活动作为一种人所特有的文化形态或文化现象,它必然会涉及人的思维和感知,因此,艺术具有形象性、主体性、认知性和审美性等特征。

形象性,正所谓没有形象就没有艺术,形象是艺术反映生活的特殊形式,任何艺术都有具体的、可知觉的形象,并通过形象解析世界、诠释生活,实现以形象感人、诱人、影响人的目的。

主体性,"一千个读者就有一千个哈姆雷特"。艺术源于生活而高于生活。每一个艺术形象的塑造绝对不是简单的"模仿"和"再现",而是要在艺术创作过程中融入创作者和欣赏者的思想、情感和创造力。

认知性,"艺术首要达致的是一种认知功能"[①]。艺术要求真实地认识世界、反映生活,因此,真实性就是艺术的生命。但艺术的真实是假定的真实、审美化的真实,艺术形象则是理性与感性的统一。艺术以自身的方式认识世界,并通过艺术语言塑造形象,显现艺术活动主体自身的本质力量,获得审美享受。

审美性,艺术所颂扬的就是典型性的美,"美"就是艺术的灵魂。德国美学家拉辛曾指出:"美是造型艺术的最高法律。"可以看出,美在艺术活动中的地位和价值,艺术活动是为了满足人们在精神上的审美需求,审美是艺术的核心,而审美主体在审美的过程中都需要美感和情感的参与,正所谓"情动于中而形于言,言之不足故嗟叹之,嗟叹之不足故咏歌之,咏歌之不足,不如手之舞之,足之蹈之也"。

三、童谣与儿童艺术教育

(一)儿童艺术教育

艺术教育有广义与狭义两方面。从广义上来说,一般艺术活动也含有某种程度的教育成分或内容;从狭义上来说,它专指有组织的、有明确教育目标和操作过程的学校艺术教育。艺术教育的本质是审美教育,也就是说,艺术教育实际上是通过审美来育人的,其教育功能的发挥必须以审美功能为前提,因此,没有突出审美本质的艺术教育就不是真正的艺术教育。儿童艺术教育是教育方法论的一种,是指教师有组织、有目的、有计划地借助艺术手段,依据美的规则对儿童艺术活动进行适当干预和指导,使儿童在愉悦的氛围中

---

① 鲁·阿恩海姆.艺术心理学概论,郭小平,翟灿,译.北京:商务印书馆,1994:347.

感受美、表现美,建立并遵守美的规则,发展美感、开启心智和创造意识的系统教育活动。

(二)童谣中的艺术教育

从艺术的表现形式来看,童谣属于想象艺术,通过文字和口头唱诵塑造艺术形象。如童谣《雪人》:"天上雪花飘,我把雪来扫。堆个大雪人,头戴小红帽。安上嘴和眼,雪人对我笑。"透过文字,一个白乎乎、圆滚滚的雪人形象已经在读者或听者的脑海中呈现出来了。"天上雪花飘,我把雪来扫"以动态的描写,让人想象大雪纷飞的冬季,到处银装素裹,孩子们在门前扫雪的场景;"堆个大雪人,头戴小红帽"和"安上嘴和眼"这几句使人想象到一个头戴小红帽的雪人在孩子们的欢笑声中有了嘴和眼睛,整个形象更加生动可爱;"雪人对我笑",这是作者的想象,并以这种想象引领读者或听者进入文字所创造的想象空间中,雪人不再是一个简单的雪人,而是一个富有生命的雪人,这就是童谣的艺术表现力,纯真自然、生动形象、带给人无尽的乐趣。从儿童艺术教育的角度来讲,童谣绝不仅仅是文字或语言的表现与学习,更重要的是通过各种手段、各种方法去挖掘其更深层次的价值和作用。

如何运用艺术教育,挖掘童谣的价值,让孩子在童谣中感受美、表现美、创造美,从而实现童谣的"以美育人"呢?

第一,要了解童谣的唱诵者。童谣的唱诵者主要是儿童,而儿童艺术教育主要是针对学龄前儿童进行的艺术教育。可以看出二者的主体是一致的,都是儿童。

第二,儿童艺术教育属于操作教育。无论是在古代还是现代,童谣都具有教育价值。儿童的愉悦性、美感体验和技能习得都是在具体操作或艺术活动中获得的,因此,教育者需要为儿童创设良好的艺术氛围,提供充分的实操机会。对于童谣而言,传统的操作便是唱诵。童谣内容简单易学,朗朗上口,孩子们能在流畅的文字中想象出事物的形象,同时在唱诵的过程中感受到童谣所表达的情感,从而实现美感的体验,并有助于语言能力的提升。

第三,儿童艺术教育是基于游戏所进行的教育。艺术与游戏同源,具有渗透性和互通性,儿童的艺术教育可以通过游戏的方式进行,游戏活动的外在表现也可以是艺术形式。从成年人的角度来看,童谣是一种文学艺术,但在儿童看来却是一种生动的语言游戏。因此,教育者可以拓展童谣的艺术教育空间,将童谣与音乐、舞蹈、美术、情景表演等游戏相结合,让孩子发现童谣的多元化艺术创作和艺术表现,从而使孩子从多角度感受童谣之美,实现审美教育的多元化。

第四,儿童艺术教育源于美的情感教育。儿童艺术教育是整合的审美教育,绝不限于艺术领域本身更不是艺术领域中某一门类的学科教学。因此儿童艺术教育的内涵是丰富的,内容是广泛的。因此,在童谣的游戏活动实践中需要运用多种美的形式满足儿童的情感交流和沟通需要,以及对美的追求。

儿童艺术教育是基本素养教育。艺术的表现形式与创新性特质,为儿童的主体性发展提供了源源不断的动力,儿童的创造性发展在艺术活动中堪称是如鱼得水般自然。本书以童谣为切入点,深度挖掘童谣的文化内涵,运用多元化的游戏手段,充分开发童谣的教育功能,以期为儿童的创新意识、实践能力和全面发展奠定良好的基础。

第三章 敲开传说的大门——神话童谣

在中国的传统典籍里没有"神话"这一词语,神话源于希腊语"Mythos",因此,神话是一个外来语,意思是关于神与英雄的传说故事。什么是神话呢?《马克思恩格斯选集》(第二卷)中对神话的概括为:"已经通过人民的幻想用一种不自觉的艺术方式加工过的自然和社会形式本身。"①《中国大百科全书·外国文学卷》中对神话的表述为:"神话就实质和总体而言是生活在原始公社时期的人们通过他们的原始思维不自觉地把自然界和社会生活加以形象化、人格化而形成的,与原始信仰相关联的一种特殊的幻想神奇的语言艺术创作。"我国关于神话的传说非常丰富,因此,国内学者对于神话的概念也有不少研究。鲁迅先生认为:"昔者初民,见天地万物,变异不常,其诸现象,又出于人力所能以上,则自造众说以解释之:凡所解释,今谓之神话。"茅盾先生在《中国神话初探》中认为:各民族的神话是各民族在上古时代(或原始时代)的生活和思想的产物。神话所述者,是"神们的行事",但是这些"神们"不是凭空跳出来的,而是原始人民的生活状况和心理状况之必然的产物。可见,神话是先民对宇宙、自然诸现象的原始解释的产物。王永增先生认为:"神话是反映原始先民对人类生殖、万物起源、自然现象与社会生活的认识和探索的语言作品。"②

中国神话初始于盘古开天辟地,历经流传,在不断发展演变的过程中,形成了大量经典的神话故事,对后世产生了极大的影响。这些神话故事被运用于诗词、戏剧、乐舞和童谣等艺术、文学形式中,成为人们耳熟能详的传统文化。

---

① 马克思恩格斯选集(第二卷)[M].北京:人民出版社,1972:113.
② 谭梅.从《左传》《国语》看先秦时期的神话观[J].贵州丛刊,2015(4):93.

第一节　远古的呼唤 传世的精神

一、从神话到童谣

神话起源于远古时期,远古的人们生存环境尤为艰难,为了生存必须和自然抗争,面对不可抗力,人们希望得到一种力量和依靠以帮助自己的族群世代生存下去,于是便产生出具有精神寄托的神话人物形象。可以说神话是远古人类对周围世界的自然现象和社会生活的原始解释,它以虚幻的想象、夸张的手法,展现出人们渴望战胜自然的古老愿望。可以说,当人类还没有文字时,神话就已经产生,并通过口述的方式被传承,这与童谣的创造与流传如出一辙。

我国古代典籍记载着大量经典神话故事,如《山海经》《楚辞》《搜神记》等。其中以《山海经》中的神话最为丰富,记录了大量经典的神话人物,如王母、女娲、夸父、精卫、后羿等。这些神话故事是我国古代人民对自然及文化现象的理解与想象。由于这些故事神奇有趣,让人充分打开想象的空间,在异世界里感受各种神奇的事物。而这正合乎孩子的兴趣,因此,神话故事尤其受到孩子的喜爱,很多神话故事,如《西游记》《八仙过海》《精卫填海》等,成为陪伴孩子们成长的重要文学作品,而孙悟空、何仙姑、红孩儿等神话人物也成了孩子们经常挂在嘴边的"神仙"。此时,简单易懂、朗朗上口的神话童谣便应运而生,在童谣中讲述神话故事,而神话故事也在孩子们朗朗传诵的童谣中代代流传,融进每一个中国人的童年记忆中。

二、永不消失的华夏精神

流传在华夏大地的古代神话是中华民族的祖先们以丰富而虚幻的想象,运用夸张的艺术手法,在无意识的状态下对周围的自然现象和社会生活的原始解释,既是中华民族的祖先们征服、战胜自然的愿望,也是他们智慧的结晶。这些神话中蕴含着强大的民族精神,并代代传承,成为中华民族宝贵的文化、精神财富。

（一）勇于奉献,开天辟地的创新精神

盘古,是古代神话中的创世之神。传说盘古孕育在一个如鸡蛋状的混沌之中,沉睡苏醒后,将天地分开,但又担心天与地会再次合上,于是盘古双手撑天,双脚踩地,盘古每日长一丈,而天则每日高一丈,地每日厚一丈。就这样日复一日,年复一年,撑了一万八千年,盘古终于累倒而死,就在他死去的瞬间,他将自己的身体化为世间万物:气息化作云和风,声音化作隆隆的雷声,左眼化作太阳,右眼化作月亮,四肢和身躯化作大地和高山,血液化作江河湖海,筋脉化作道路,肌肉化作田地,头发和胡须化作了天上的星星,皮肤和汗毛化作树林和花草,牙齿和骨骼化作金属和宝石,就连身上的汗水都化作了雨露。就这样,盘古用自己的身体创造出一个丰富多姿的新世界。一万八千年的执着坚守,是盘古锲而不舍;以身造世界,是盘古勇于奉献。这正是中华民族的一种生命精神,生命不息,劳动不止,勇于创新,敢于挑战!中国古代神话中的英雄并非永生,其力量接近人类,更高于人类,这也是人类对于英雄的一种期盼,希望神能从人类的视角看待问题,并拥有超于人类的能力能,解决人类所不能解决的问题。神话中的英雄既有成功的高光时刻,也有悲壮的失败时刻,即使失败,也要有高尚的情操,这些神都具有强烈的责任感,能够担负起神的使命,在关键时刻能够牺牲小我,完成大我,牺牲自身保全全族或整个人类。盘古以创造性的死亡达到了永生,这种自我奉献的精神,使他成为中国人心中的创世之神,世代传颂。

(二)坚持不懈,英勇顽强的抗争精神

《精卫填海》是每个中国人从小就耳熟能详的神话故事。相传,精卫是炎帝最疼爱的小女儿,名曰女娃。一天,女娃到东海游玩,不慎淹死在东海中。死后,她化作一种花脑袋、白嘴壳、红爪子的神鸟,每天不辞辛劳,从山上衔来石头、草木,投入东海之中,誓要填平东海,然后发出"精卫、精卫"的悲鸣之声,似乎在悲鸣自己,又似乎在想念最疼爱自己的父亲。这个神话故事,以女娃的意外死亡反映出我国古代先人们在自然面前的渺小与无奈,以及在那个时期人们生命的脆弱。而精卫鸟则是人们精神的象征,面对强于自己数倍的大海,它以弱抗强,不畏艰难,坚持不懈,勇于抗争,并坚信,凭借自己不断的努力,终能将不可能变为可能——填平大海。这个神话故事,生动、形象地展现出我国先民与大自然抗争时坚韧、顽强、乐观的民族精神。晋代诗人陶渊明在《读山海经》诗中写道:"精卫衔微木,将以填沧海。刑天舞干戚,猛志固常在。同物既无虑,化去不复悔。徒设在昔心,良辰讵可待?"来盛赞精卫。精卫不屈不挠的抗争精神得到了所有人的赞许和敬意,也把精卫的精神作为民族精神融入儿童的教育当中。

(三)勤劳勇敢,厚生爱民的民族精神

神农氏,为三皇之一。他勤劳勇敢,爱民如子,一次,见鸟儿衔种,由此而发明了五谷农业,因此得名"神农"。远古时期,百姓采野果,食生肉,经常有人受毒害而生病,甚至死亡,人们的寿命都很短。神农氏为减少百姓的病痛,延长百姓的寿命,跋山涉水,行遍三湘大地,尝遍百草,了解百草之药性,为百姓寻找治病良药。为此,他几乎尝过所有植物,经常身中各种毒,可谓是"一日遇七十毒"。神农在寻药的过程中,识别了百草,发现了大量具有攻毒祛病、养生保健的中药。由此,大大降低了百姓患病的概率,延长了百姓的寿命,故百姓封他为"药神"。神农氏终因误尝断肠草而死,他厚生爱民的精神成为中华民族世代传承的民族精神。

（四）积极探索，自强不息的民族精神

《大禹治水》的故事家喻户晓，鲧是尧的臣子，专门负责治水，他一生勤劳，致力于治水，虽有所成效，但未从根本上解决问题。大禹是鲧的儿子，是舜的臣子，他继承了父亲鲧治理洪水的事业。禹在父亲死后继承其未完成的事业，兢兢业业，不惧辛苦，吸取父亲治水的经验教训，改变父亲"堵"的治水理念，改用"疏"的方法，对洪水进行治理，最终治理好了洪水。《荀子》中记载："禹之劳，十年不窥其家，手不爪，胫不生毛，偏枯之病，步不相过，人曰'禹步'。"大禹为了治水，十年不曾回家，三过家门而不入，手指甲抠掉了，腿上的汗毛也被泥巴给拔光了，还得了严重的风湿病，走路十分困难，歪歪扭扭，看上去就像是小步小步地跳着走。人们为了纪念他，模仿他走路的步子，并将这种步伐运用到舞蹈中，成为民间舞蹈中的一种舞步。鲧和禹父子两代人完成治水大业的神话故事，反映了华夏先民积极探索、不辞辛苦、自强不息的民族精神。

可以看出，神话故事不仅仅是古代中国人生产生活中的艺术想象，更是中华民族优良民族精神的体现。这种民族精神在历史发展的洪流中不但没有消失，反而在世代的传承中不断发扬，成为中华民族的宝贵财富。这种民族精神更被运用到具有趣味性的童谣中，使童谣更具教育性，那一个个充满故事性的神话童谣，为孩子们打开了一扇异世界的大门，让孩子们在奇幻的神话世界中，插上想象的翅膀，体验华夏先民的民族智慧，感悟中华民族源远流长的民族精神。

第二节 走进奇幻的世界

泰勒认为：我们越是把各种不同民族的神话虚构加以比较，并努力探求作为它们相似的基础的共同思想，我们就越是确信，我们自己在童年时代就处在神话王国的门旁。[1]神话是人类最原始的思维产物，是人类对自然万物孩童般的原始理解，是人类思维发展过程中的初始阶段。因此，神话思维与儿童思维具有相似性，神话思维的模糊性、混沌性也是儿童思维的典型特征。以神话故事为题材创作的童谣，其语言简单而不失浪漫，简单却光怪陆离，短小却鲜明生动，这正是儿童最感兴趣的部分。神话童谣以儿童喜爱的形式，为儿童打开了通往奇幻世界的大门，激发了儿童探寻知识的欲望。

---

[1] 泰勒.原始文化[M].连树声,译.上海:上海文艺出版社,1992:285.

一、神话童谣《女娲和泥娃》

(一)童谣细细读

女娲和泥娃[①]

女娲妈妈,捏泥娃娃,
泥娃开口,就喊妈妈。
女娲妈妈,柳枝甩甩,
泥点落地,长成乖乖。
乖乖泥娃,好好玩耍,
女娲妈妈,笑脸如花。

(二)故事慢慢听

自从盘古开天辟地,创造了日月星辰、山川河流、花草树木、鸟兽虫鱼等万物后,世间就有了生机。又不知过了多久,出现了一位神通广大的女神,叫作女娲。女娲一个人生活着,突然有一天她觉得太孤独了,这天地间缺乏生气。于是她想要造一些和自己一样的生物,想着想着,顺手从池边挖出一块黄泥,在手里捏出一个娃娃模样的泥人,她把泥人往地上一放,泥人便活了,并开口冲她喊:"妈妈!"女娲看到自己亲手创造的泥娃娃在地上快乐地跳跃和欢呼,不由得满心欢喜,她称自己的这些孩子为"人"。

和女娲比起来,人的身体小小的,但由于是神亲手所造,相貌也是模仿神而造,因此,具有管理世间万物的能力。女娲对于自己的作品非常满意,于是继续动手做泥人,想让人类布满大地。可她毕竟只有一双手,太慢了。最后,女娲想出了一个好办法。她将一根枯藤伸进泥潭里,接着从泥潭里挥出枯藤,枯藤上的泥点溅到地面瞬间就变成一个个小人儿。用这种方法,不一会儿她就造出了很多人,不久世间便布满了人类的足迹,女娲妈妈看着自己的孩子,开心地笑了。

(三)情景舞一舞

配合童谣的韵律,家长或老师带着孩子一起用舞蹈的方式表现女娲造人的情景。

舞蹈角色:女娲、泥娃娃。

舞蹈准备:女娲和泥娃娃席地而坐。

1.女娲妈妈捏泥娃娃

舞蹈动作一:"女娲"双手上下交替摩擦,模仿捏泥人时的揉搓动作。

2.泥娃娃开口就喊"妈妈"

[①] 赵万里.万里童谣——中国传统文化童谣.北京:北京师范大学出版社,2019:9—10.

舞蹈动作二："泥娃娃"双手扩指，在脸前交替后拉开至肩旁，头随着韵律左右摆动。"女娲"保持动作一。

3.女娲妈妈柳枝甩甩

舞蹈动作三："女娲"双手画圆在头顶交叉后向下划，落于两胯旁。"泥娃娃"保持动作二。

4.泥点落地长成乖乖，乖乖泥娃好好玩耍

舞蹈动作四："泥娃娃"站起身来随意转圈、跳跃、玩耍。"女娲"保持动作三。

5.女娲妈妈笑颜如花

舞蹈动作五："泥娃娃"和"女娲"一起手拉手转圈。

（四）小小妙笔画一画

1.可爱的泥娃娃

（插画来自重庆幼儿师范高等专科学校2022级学生　马琴）

孩子在家长或老师的引导下，给这个泥娃娃涂上自己喜欢的颜色，一边涂色，一边诵读童谣，感受女娲造人的过程。

2.神奇的"人"

（插画来自重庆幼儿师范高等专科学校2022级学生　马琴）

这是一个甲骨文的"人"字,形状与旁边的作揖行礼的人极为相似,请小朋友为这个甲骨文的"人"字涂上自己喜欢的颜色吧。

二、神话童谣《从前两座山》

(一)童谣细细读

从前两座山[①]

从前两座山,山在家门前,
要到山对面,走路绕一年,
山前有人家,家家都犯难,
九十老愚公,全家总动员,
愚公扛锄头,儿孙挑扁担,
挖山一担担,运土渤海边,
智叟看见了,眉毛都笑弯,
劝说老愚公,挖到哪一年?
愚公开口笑,山高总有限,
我死有儿孙,锄头代代传。
玉帝感动了,派来两神仙,
一山搬到东,一山搬到西,
从此两座山,眨眼都不见,
愚公推开门,全家笑开颜。

(二)故事慢慢听

在很久以前,有一位叫愚公的老人,他家门前有两座高高的山,一座是王屋山,一座是太行山。这两座山不偏不倚,就挡在愚公的家门口,愚公和他的家人到山的另一边要绕很远很远的路。

一天,愚公召集家里人聚在一起,对家人们说:"我们全家一起,齐心协力,把门外的这两座山移开,让门口的路直通到外面,你们看可好啊?"家人们一听,都点头赞成。可是愚公的妻子却摇着头说:"不可能的,你那么大岁数了,连一个土丘都搬不了,还想搬这两座大山?再说了,就算你搬得动,那些挖出来的泥土和石块,你要扔到哪里去呢?"愚公和儿孙们听了都哈哈大笑起来:"哪有什么难的,我们可以把泥土和石块都扔到大海里去啊!"

第二天,愚公带着儿子和孙子,扛着锄头,挑着扁担,开始挖山。这时候,一个叫智叟

[①] 赵万里. 万里童谣——中国传统文化童谣. 北京:北京师范大学出版社,2019:29—33.

的先生看到了,忍不住嘲笑愚公:"愚公愚公,你可真是越老越糊涂了啊,你都这把年纪了,还要去移什么山?就算是搬到你死的那一天,也不可能将这两座大山移开啊!"

愚公听后,哈哈一笑说:"智叟啊,我虽然老了,可我一点也不糊涂,我搬不动了,还有我的儿子啊,我儿子还会生孙子,孙子还会生儿子,这样世世代代一直搬下去,总有一天,这两座大山会被搬走,天底下哪有克服不了的困难呢?"

后来,山神和海神都知道了愚公移山的决心,就跑去告诉了天上的玉帝,玉帝一听,大为感动,就派了两个神仙把王屋山和太行山背走,放到别的地方去了。

从此以后,"愚公移山"成为中华民族的一种精神力量,鼓舞人们不怕困难,锲而不舍!

(三)描一描,说一说

下面是两个"山"字,一个是甲骨文,一个是楷书,家长或老师引导孩子用有颜色的笔描一描,并让孩子说一说这两个字像什么。

甲骨文　　楷书

(插画来自重庆幼儿师范高等专科学校2022级学生　马琴)

三、神话童谣《八仙过海》

(一)童谣细细读

八仙过海[①]

东海上,浪滔天,八仙过海访仙山。
吕洞宾,挥着剑,剑儿一指水路宽。
张果老,倒骑驴,蹄儿哒哒走在前。
汉钟离,摇着扇,扇儿摇开水一片。
何仙姑,踏莲来,莲叶青青像小船。
铁拐李,骑葫芦,葫芦里面有仙丹。
韩湘子,吹横笛,笛声悠悠海上传。
蓝采和,打竹板,竹板声声入云端。
曹国舅,看得远,蓬莱仙山在眼前。

[①] 赵万里.万里童谣——中国传统文化童谣.北京:北京师范大学出版社,2019:24—26.

(二)故事慢慢听

"八仙"是仙界的八位神仙,他们是汉钟离、张果老、韩湘子、铁拐李、吕洞宾、何仙姑、蓝采和曹国舅。

一天,八仙在蓬莱阁上聚会、喝酒、聊天,喝到高兴的时候,铁拐李对众仙说道:"都说蓬莱、方丈、瀛洲三座神山景致秀丽,我们何不去游玩一番?"众仙一听,齐声附和。吕洞宾说:"我们既然是神仙,这次过海就不要乘船,只用自己的法术过海,大家觉得可以吗?"众仙听后,点头同意,随后便来到海边亮出了自己的法宝。

逍遥闲散的汉钟离随手将手中的芭蕉扇扔到了海里,只见那芭蕉扇如蒲席般大小,汉钟离跳到扇子上慢悠悠地飘向远处;美丽高雅的何仙姑将手中的荷花轻轻放到海里,只见红光四射,荷花就像磨盘一样漂在海上,何仙姑立于荷花之上,飘然于海中;其余神仙也不甘落后,吕洞宾的宝剑、蓝采和的花篮、韩湘子的玉箫、铁拐李的宝葫芦,还有曹国舅的玉板纷纷变成渡海的宝贝,载着众仙向东海飘去。此时,张果老哈哈大笑,依旧倒骑着毛驴,手里拍着渔鼓悠哉悠哉地在海上前行。只见大海之上众仙争先恐后,各显神通,遨游在万里碧海之上。

八仙遨游,顿时翻江倒海,巨浪滔天惊动了东海龙王,龙王得知是八仙各显神通致海浪滔天,便率兵干涉,八仙据理力争,龙王将蓝采和抓走,众仙大怒,连斩东海龙王两子,虾兵蟹将吓得魂飞魄散,纷纷败下阵来。最终南海观音出面调解,才使龙王放出蓝采和,矛盾解决。众仙拜别观音,继续遨游东海。

(三)窥见"小秘密"

八仙过海的故事家喻户晓,流传千年,那么八仙是哪八位神仙呢?他们过海用的宝物又是什么呢?让我们一起窥见童谣中的"小秘密"。

第一位,铁拐李,精通药理,炼制了专治风湿骨痛的膏药,恩泽乡里,普救众生。他的宝物是一个药葫芦,据说里面装着治病的药,专用于救治病人。

第二位,汉钟离,他的宝物是一把芭蕉扇,这把扇子能够扇火、扇除邪气,变化无穷,遮日卷月,威力无穷。

第三位,张果老,他的宝物是一把乐器——渔鼓,这个渔鼓能够预测一个人的未来。他最大的特点是倒骑着毛驴,悠然自得。

第四位,吕洞宾,英俊潇洒,善于作诗,经常行侠仗义帮助别人。他的宝物是一把纯阳剑,他剑术高超。

第五位,何仙姑,美丽高雅,善于做法施雨,最爱帮助老百姓消灾驱邪,解救苦难。她的宝物是手中的荷花,有修身养性的作用。

第六位,蓝采和,他的宝物是手中的花篮,据说花篮也是药篮,有着无需用药就能治病救人的作用。

第七位,韩湘子,他的宝物是一把紫金箫,箫声能使万物生长。

第八位,曹国舅,他的宝物是手中的玉板,据说能使万物俱静。

每位神仙都有自己的神力,因此在过东海时,他们能各显神通。但是,他们的宝物更多的是用来帮助别人,造福百姓。

(四)童谣想一想

中国有一句俗语:"八仙过海,各显神通。"故事里八位神仙运用自己的神力,齐心协力,朝着一个目标努力,最终达到目的。古人通过这个神话故事告诉我们几个小道理:首先,每个人都有优点和不足,要了解自己的优点,还要懂得运用自己的优势去实现目标。其次,每个人的力量是有限的,即使是神仙,也不是万能的,因此要懂得团队合作的重要性,要学会与人合作,发挥各自的优势,团结一心,就可以创造更大的力量。就好像幼儿园里的运动会一样,有的小朋友跑得快,有的小朋友跳得高,还有的小朋友投篮很棒,如果每个人都参加自己擅长的项目,就都能取得好成绩,最终为班级夺得高分,争得荣誉。

(五)认一认

八仙邀游东海,来到龙宫,龙王派出鲤鱼姐姐去迎接,可是鲤鱼姐姐从未见过八仙,不知道该如何称呼这八位神仙,小朋友们,请帮鲤鱼姐姐认一认图中的八仙,说出他们的名字。

(插画来自重庆幼儿师范高等专科学校2022级学生 马琴)

第四章　老童谣，小时光——游戏歌

在中国传统民间游戏当中，童谣往往是与游戏结合在一起的，一边是朗朗上口的纯真童谣，一边是欢快俏皮的游戏。游戏歌，顾名思义是指儿童在玩游戏时一边做游戏动作一边吟唱的歌谣，是童谣当中最常见的一种表现形式。韵律和谐的童谣，不仅强化了游戏的节奏感，更增强了游戏的情境体验、生活气息和娱乐精神。此外，童谣本身就蕴含着丰富的游戏特征，加之与各类形式的游戏活动相结合，丰富多彩的言语内容和自由开放的游戏场所更为广大儿童接受和认可。[①]

游戏是人类社会生活中普遍存在的活动，是人类的自由本性和完整人格充分体现的途径与证明，它是幼儿的基本活动，更是幼儿展现其生命存在与活力的舞台，幼儿是在游戏玩耍中不断成长的。游戏歌是伴随孩童玩耍的一种独有的文学现象，是儿童游戏生活的一部分，它对儿童的健康成长起着良好的影响作用。它覆盖面广，街头巷尾、校园广场只要有孩子聚在一起，就可以边唱边跳皮筋、踢毽子或玩老鹰捉小鸡等游戏。童谣与游戏天生属于儿童，儿童也天然地属于童谣与游戏。游戏歌融合了游戏和儿歌，一般游戏歌动作性强、节奏欢快，可以令儿童开怀，心情愉悦，还能让儿童通过身体动作——体态律动，促进其肢体的协调性，锻炼其注意力、记忆力、节奏感和韵律感等。孩子们边做游戏边唱童谣，玩中有学，学中有唱，尽显儿童率真的天性。

---

① 冯玲丽.童谣游戏：小学生道德养成的有效路径[J].教学与管理，2010(14)：10.

第一节 "玩"起来的童谣

一、在游戏中释放天性

卢梭曾提过,教育要遵循自然的法则,顺应儿童的天性。他认为,随着科技生产的进步,人们往往容易忽视儿童的天性,对儿童的教育常常偏离规律。使儿童释放天性最好的方式就是游戏,游戏是儿童乐玩、爱玩、想玩的一种探索方式,是一种建构意义的活动过程。我国著名的幼儿教育家陈鹤琴先生认为,小孩子生来是好动的,是以游戏为生命的。[1]趣味性是幼儿游戏的生命。在具体的儿童游戏活动中,将内容丰富、充满童趣的童谣和操作简单、具有较强实用性与娱乐性的游戏合二为一,才能让童谣充满意义,让游戏绽放光彩,伴随儿童快乐成长,成为儿童日常生活中常见的娱乐方式。儿童在游戏中与周边环境进行对话,在想象和快乐中建构属于自己的美好世界,释放了天性。

二、童谣和游戏是对"好搭档"

童谣游戏是将童谣融入游戏,用童谣的意境创造游戏,用童谣的诗意润泽游戏,就地取材,渗透时代元素,在游戏中伴唱着童谣,让儿童的运动与语言、体能与智能、兴趣与爱好协调发展的一种游戏。同时,童谣游戏还蕴含着中华各民族的文化意象,以幽默活泼的童谣语言、简单趣味的游戏规则记载着民族智慧,并以内隐的方式为儿童提供各方面发展的机会。如游戏童谣《丢手绢》:"丢,丢,丢手绢,轻轻地放在小朋友的后面,大家不要告诉他,快点,快点,捉住他,快点-快点-捉住他。"

这是每个人都会唱的童谣和会玩的游戏。为什么能够广为传唱?就是因为将游戏与童谣结合在一起既充满趣味,又富有想象空间,还能帮助儿童找到娱乐的方式。可以说,儿童的身体、认知、社会性、语言、情感等方面的发展离不开童谣游戏的支持。有的童谣就像游戏,有的游戏离不开童谣。因此,把童谣与儿童最喜欢的游戏相结合,是很有必要的。

三、在玩乐中得到满足、获得成长

童谣游戏,有助于发展幼儿的感性智慧,培养未来创造型人才;有助于实现人生的启蒙教育;有助于创造幸福的童年;有助于儿童发现看世界的第1001种方式。[2]在日常生活中我们可以发现,孩子常常无意中发现童谣游戏,其对游戏内容的探究和操作完全是出于他们内心对游戏的渴望,是自发行为、天性使然,没有任何外力的强加。在这个过程中,所有东西都可以是游戏中的材料,游戏材料与儿童发展之间是一种双向关系,童谣游戏的材料完全由幼儿自主选择、自由支配。因此,童谣游戏给予了儿童更大的空间和自由,儿童

---

[1] 陈鹤琴.家庭教育[M].武汉:长江文艺出版社,2021:2.
[2] 羌轶君.童谣游戏的新时代意蕴——以"跳房子"童谣游戏为例[J].未来教育家,2019(4):34.

不在乎游戏人数是少还是多,不局限于游戏条件是简陋还是优裕。在童谣游戏中,他们自娱自乐、蹦跳打闹、哭啼嘻哈,沉浸在游戏的快乐时光里,陶醉着、痴迷着,同时通过游戏也展示着生活,展示着自我,感情上得到自我愉悦,心灵也得到了满足。童谣游戏让孩子的情绪得到释放,同时,这也是他们逐步学会管理自己情绪的过程。他们在属于自己的天地里发现、感受、探寻、创新,心情是愉悦快乐的,体验是充分和强烈的。

童谣在儿童的成长中发挥了不可替代的作用,如游戏童谣《丢手绢》在儿童身体动作发展中的作用。如果只是单纯地带儿童去户外活动,儿童既无情感体验也无法实现真正有意义的建构,但通过童谣游戏,儿童能够在边唱边跳的玩手绢游戏的过程中,跟随童谣的节拍,调整节奏和脚步,享受趣味、满足情感,从而促进其身体动作的发展。同时,童谣作为一门语言艺术,对儿童的语言、认知、社会性等方面的发展,具有不可忽视的作用。如游戏童谣《找朋友》:"找呀找呀找朋友,找到一个好朋友,敬个礼,握握手,你是我的好朋友,再见!"儿童在游戏的过程中,边做动作边记歌谣,以"敬个礼,握握手"和同伴、家长或其他社会成员进行互动,从而获得多方面的发展。

儿童与游戏密不可分,自由的玩耍、精力的释放,只有通过游戏才能得到满足。在游戏童谣中,儿童或听着父母的歌声,或唱着歌谣,以动作探索周边世界,促进音乐启蒙、情感交流。儿童在快乐的游戏吟唱和玩耍中,潜移默化地感知、吸收自然、社会和生活各方面的经验,享受在游戏童谣的世界里,快乐地成长。

第二节 "小"童谣,大意味

一、《拉大锯》

(一)童谣细细读

拉大锯[①]

拉大锯,扯大锯,姥姥家,唱大戏。
接闺女,请女婿,小外孙子也要去。
背着也不去,抱着也不去,叽里咕噜滚着去。

(二)窥见"小秘密"

很久以前,在机器还不发达的年代,木匠都是用锯子锯木头,锯大木头时就得用大锯。

[①] 王传燕.最爱中华老童谣——游戏篇[M].北京:中国人民大学出版社,2012:13.

大锯一人拉不动就得两个人脚对脚抵住木头拉起来才稳当,然后来回拉锯……后来人们有时会模仿拉大锯的动作逗孩子玩,慢慢就有了拉大锯的童谣游戏。拉大锯是对木材的初加工,也是最费力的一道工序。木匠师傅拿到切割好的板材,才能进一步加工,或制作家具或盖房子。随着科技的发展,现在的木匠师傅们都用机器加工木材,效率非常高。但这种严谨耐心、追求细节、精益求精、吃苦耐劳的工匠精神,是我们要时刻牢记并发扬光大的。

拉大锯又叫扯大锯,有的地方也叫筛箩,是一种中国民间传统的儿童游戏。为什么又叫筛箩呢?筛箩是竹子编的类似筛子的竹器,以前常用筛箩去筛米、筛麦、筛豆等。后来人们有时会模仿这个动作逗孩子玩,所以就有了筛箩的叫法。

(三)游戏趣味玩

人数:2人。

意义:锻炼孩子的手臂和胸部肌肉力量以及动作协调能力。

玩法:两个孩子对坐,两腿伸直、脚掌相抵、手指互勾,或者大人与孩子对坐,小孩坐在大人的脚脖处,两脚放在大人的小腿两侧,手互拉,然后甲俯乙仰,乙俯甲仰。俯时尽可能低;仰起来时,脚不能离开地面。这样,一俯一仰,一来一往即为两人对拉大锯。

(插画来自重庆幼儿师范高等专科学校2022级学生　成美琳)

奶奶和孙子坐在门前,在一推一拉中愉快地玩游戏这个童谣，不仅刻画了一个顽皮可爱的儿童形象，也描绘出了日常生活中的生活情趣之美。

（四）小小妙笔画一画

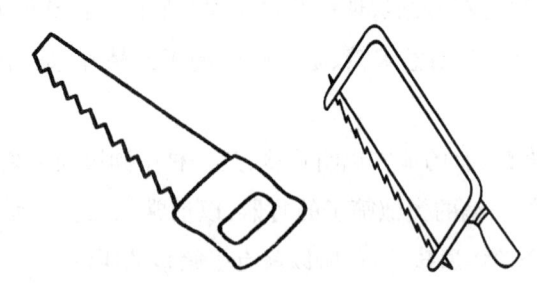

幼儿在老师或家长的引导下，按照自己的想法为锯子涂色或者让幼儿根据已有的知识经验在画纸上画锯子。

二、《丢手绢》

（一）童谣细细读

丢手绢①

丢，丢，丢手绢，
轻轻地放在小朋友的后面，
大家不要告诉他，
快点，快点，捉住他，
快点——快点——捉住他。

（二）窥见"小秘密"

丢手绢，又叫丢手帕，是中国民间传统游戏之一。

二十世纪七八十年代，手绢是每个孩子的必备品。在孩子的袖口或肩上，母亲总会别一块粗布做的、方方的手绢。晚上，母亲会把它洗得干干净净，第二天起床时再别上。长大一些，手绢就从袖口或肩上转移到衣兜里，手绢也由自己来洗。直到上了小学，好像才彻底告别了手绢——一方小小手绢，像是时光和记忆送给我们的小小仓库，珍藏着所有的欢乐。

（三）游戏趣味玩

人数：一般要由5个人以上组成，人数不设上限。男女都可参加。

---

① 胡志远,张舒.童谣游戏1[M].上海:复旦大学出版社,2016:61.

意义:此游戏可锻炼孩子的应变能力,身体的灵活性和在公共场合的表现力。

玩法:开始前,大家利用"石头剪刀布"或其他的方法推选出第一个丢手绢的小朋友,其余的人围成一个大圆圈蹲下或者坐下。

游戏开始,大家一起唱起《丢手绢》歌谣,被推选为丢手绢的小朋友沿着圆圈外行走或跑动。在歌谣唱完之前,丢手绢的人要不知不觉地将手绢丢在其中一人的身后。被丢了手绢的人要迅速发现自己身后的手绢,然后立即起身追逐丢手绢的人,而丢手绢的人则要沿着圆圈奔跑,跑到被丢手绢人的位置时蹲下或坐下,如被抓住,则要表演一个节目,可表演跳舞、讲故事等。如果被丢手绢的人在歌谣唱完后仍未发现身后的手绢,而让丢手绢的人转了一圈后抓住的,就要做下一轮丢手绢的人,他的位置则由刚才丢手绢的人代替。因此游戏是大家围成圆圈进行的,所以丢手绢的人和被丢手绢的人跑动时圈数不能太多,防止因跑动圈数太多而头晕跌倒。

(插画来自重庆幼儿师范高等专科学校2022级学生　成美琳)

这种幼儿童谣的游戏色彩是非常生动的,也使童谣不再单单是一种演唱形式,更加增添了童谣的趣味色彩。

(四)小小妙笔画一画

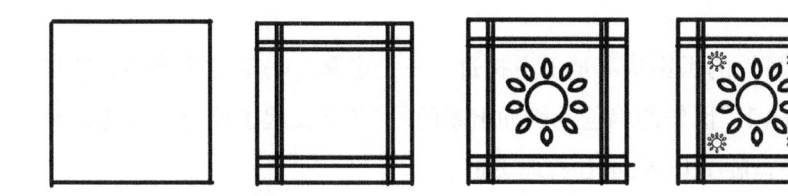

(插画来自重庆幼儿师范高等专科学校2022级学生　成美琳)

幼儿在老师或家长准备的材料中,按照自己的想法设计或者对已有的手绢简笔画进行涂色。

（五）载歌载舞跳一跳

幼儿可以和家长或者老师一起边唱歌曲，边拿着手绢跟随歌曲跳起来。

三、《老鹰抓小鸡》

（一）童谣细细读

老鹰抓小鸡①

唧唧唧！唧唧唧！
小鸡出来吃东西。
天上飞来大老鹰，
吓得小鸡躲进去。

（二）故事慢慢听

鸡妈妈辛辛苦苦地孵了十个鸡蛋，准备迎接她的第一批小宝宝。可等她忙完家务回窝一看，四个蛋宝宝居然不翼而飞了，鸡窝里落下了两根老鹰的羽毛。伤心的鸡妈妈寸步不离地守着剩下的六个蛋宝宝，终于，有一天……"嚓！咔！啪！"宝宝们出壳啦！鸡妈妈开心极了，她给每只小鸡都取了名字。瞧，那只长得最结实的红头发小鸡叫做小壮壮。天黑了，鸡妈妈们给小鸡们讲老鹰的故事："在山上的树林里，有一种凶猛的大鸟叫老鹰。他有巨大的翅膀和锋利的爪子，能把你们都捉走……如果看到他，一定要躲起来！"

清晨，鸡妈妈们带着小鸡们来到草地上，一遍又一遍地教他们各种逃生的方法：哪里有小洞可以钻？哪里有纸箱可以藏？哪里的稻草堆最厚实？可调皮的小鸡们只顾着玩，完全不当回事。

突然，隔壁传来伤心的哭声。鸡妈妈赶过去一看，原来是小花阿姨家的鸡宝宝失踪了！鸡妈妈们唉声叹气地议论着。细心的小壮壮在一旁发现了几根陌生的羽毛——这是谁留下的呢？

第二天中午，一个可怕的黑影从草地上空掠过——是老鹰！一定是他捣的鬼！"快走开！不许靠近我的孩子们！"愤怒的鸡爸爸们冲出家门，对老鹰发起了反击。"哼哼！我还会再来的！"老鹰在半空盘旋了几圈，不甘心地飞走了。

夜里，鸡爸爸们组成护卫队，轮流站岗放哨；鸡妈妈们给宝宝们唱起了摇篮曲……可小壮壮坐在一堆羽毛里，左看看，右摸摸，一点儿也不困。这个小机灵在想什么鬼点子呢？

天亮了，鸡妈妈们小心翼翼地带着宝宝们在院子里晒太阳。突然，一只"老鹰"张牙舞

---

① 攀发稼.经典童谣301首[M].武汉:湖北少年儿童出版社,2005:284.

爪地扑了过来，嘴里还吐出了几根鸡毛，把小鸡们吓坏了。"不准伤害我的宝宝！"鸡妈妈们勇敢地张开翅膀，牢牢护住身后的小鸡们。

谁知，"老鹰"歪歪扭扭地走了两步，"啪"的一声就摔倒了，还把肚皮摔了个稀巴烂！只见一个火红的小脑袋从"老鹰"肚子里钻了出来……

原来，"老鹰"是小壮壮假扮的呀！小鸡们叽叽喳喳围成一团，争先恐后地钻进斗篷里，抢着要当一次"老鹰"。小壮壮又披上斗篷，和大家玩起了"老鹰捉小鸡"的游戏。渐渐地，越来越多的小鸡加入了小壮壮的"游戏训练营"。他们在鸡妈妈们张开的翅膀后，排出了最安全的队形，还想出许多办法防止老鹰的偷袭。就在这时，真正的老鹰正悄悄盘旋在草地上空，策划他的下一次行动……

这一次，老鹰真的来了，他张开锋利的大爪子从天而降。小鸡们再也顾不上队形，尖叫着四处逃跑。

小壮壮第一个反应过来，大声喊道："大家不要怕，快排好队形！"小鸡们听了，都跌跌撞撞地躲到鸡妈妈们身后。老鹰张开翅膀，恶狠狠地吼道："看你们往哪儿跑！"

正在这时，鸡妈妈们带着一队队训练有素的小鸡，从四面八方赶了过来。她们挥舞着锅碗瓢盆，把老鹰团团围住。小鸡们躲在鸡妈妈们身后，偷偷撑起了一条大床单……

锅铲、平底锅、稻草叉"咻咻咻"地朝老鹰飞了过去，老鹰被砸得晕头转向。

小鸡们又趁机扬起床单罩在老鹰的脑袋上，又抓起绳子绕了一圈又一圈，把老鹰绑成了一个"大粽子"。哈哈，老鹰再也神气不起来喽！

晚上，老鹰一瘸一拐地逃走了，只落下一地的羽毛……鸡舍又恢复了往日的宁静。从此，小鸡们可以大胆地出门玩耍，鸡妈妈们也能安心做饭了。瞧见厨房里挂着的鹰毛掸子了吗？那可是打扫卫生的好工具呀。

那只老鹰呢？听说他现在还是满头包，一看见小鸡就吓得要躲起来呢！①

（三）游戏趣味玩

人数：一般至少由3人以上进行。

意义：有助于培养幼儿的合作意识，可以提高眼力和身体的灵活性。

玩法：一个人当"老鹰"，一个人当"鸡妈妈"，其余的人当"小鸡"。"老鹰"的任务是捉住"小鸡"；"鸡妈妈"的任务是把"小鸡"挡在身后，让它们不被"老鹰"捉住；"小鸡"的任务是跟在"鸡妈妈"的身后跑，不被"老鹰"捉住。"老鹰"捉住"小鸡"，"老鹰"胜；捉不住"小鸡"，"老鹰"败。如此循环。

---

① 豚宝宝早期教育研究中心.老鹰捉小鸡[M].安徽少年儿童出版社,2017:1-33.

（插画来自重庆幼儿师范高等专科学校2022级学生　余秀香）

老鹰抓小鸡的游戏不但开发了幼儿的心智也训练了他们身体的平衡性和灵活性，是一项益智又益身体健康的游戏，更重要的是潜移默化地培养了他们的团队意识。

（四）小小妙笔画一画

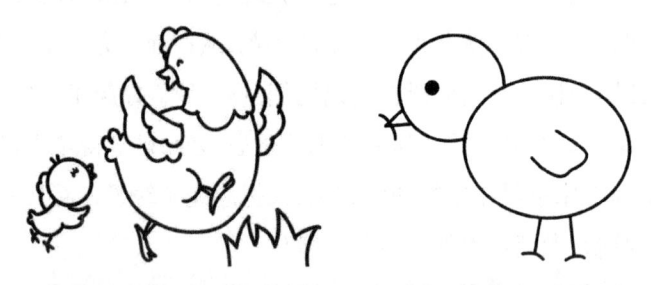

（插画来自重庆幼儿师范高等专科学校2022级学生　成美琳）

幼儿在纸上画母鸡和小鸡等。年龄稍大的幼儿可以在家长或者老师的帮助下画出老鹰和小鸡在一起的多种画面。

四、《翻花绳》

（一）童谣细细读

翻花绳[①]

翻，翻，翻，翻花绳，翻的花样真逗人。
你翻一个大鸡爪，我翻面条一根根；
你翻一张小渔网，我翻一个洗澡盆。
翻呀翻，翻花绳，赛赛宝宝的巧手手。
翻呀翻，翻花绳，乐呀乐得笑出声。

---

① 九通早教研究中心.老童谣 小时光·传统游戏[M].武汉：湖北九通电子音像出版社，2020：37.

(二)窥见童谣的秘密

翻花绳,是中国民间流传的儿童游戏,在中国不同的地域,有不同的称法,如线翻花、翻花鼓、挑绷绷、解股等。翻花绳是一种利用绳子玩的游戏,只需灵巧的手指,就可翻转出许多的花样。在马来西亚,翻花绳用的绳子一般是橡胶圈(橡皮筋,河南东南部就把该游戏称为"开胶"),在其他地区也有用毛线、麻线、呢绒绳或棉纱绳等的。

用一根绳子结成绳套,一人以手指翻转成一种花样,另一人用手指接过来,翻转成另一种花样,相互交替编翻,直到一方不能再编翻下去为止。这个游戏最大的乐趣在于翻出新花样,展现自己的聪明才智。

(三)游戏趣味玩

人数:一般由2个人及其以上组成。

意义:有助于提高儿童的动手能力,锻炼记忆能力和提高合作能力。

玩法:游戏的玩法是先打个小巧的结,环绕于单手或双手,然后撑开,准备动作就做好了。翻花绳分单人和双人两种。单人玩法是将绳圈套在双手上,用双手手指或缠或绕或穿或挑,经过翻转将线绳在手指间翻出各种花样来。双人玩法是一人以手指将绳圈编成一种花样,另一人用手指接过来,翻成不同的花样,相互交替,直到一方不能再翻下去为止。

(插画来自重庆幼儿师范高等专科学校2022级学生 谭星)

线绳翻花在不同地域和种族中都是非常普遍的游戏。现今有数千种翻法,其中一些还非常复杂。一些常见的花样有专门的名称,如"面条""牛眼""麻花"等。

五、《城门城门几丈高》

（一）童谣细细读

城门城门几丈高[①]

城门城门几丈高？三十六丈高。
上的什么锁？精刚大铁锁！
城门城门开不开，不开，不开！
大刀砍？也不开！
大斧砍？还不开！
好，看我一手打得城门开。
哗！开了锁，开了门，
大摇大摆进了城。

（二）窥见童谣的秘密

城门指城楼下的通道，是"城"的标志，城门与城楼的雄伟壮丽的外观显示着城池的威严和民族的风采。我国古代城市的城门是一种防御建筑。城门、城楼之间城墙相连，既有军事防御作用，又有防洪功能，形成古城一道坚固的屏障。

（三）游戏趣味玩

人数：一般由3人以上组成进行。

意义：有助于锻炼记忆能力和提高合作能力。

玩法：聚集十多个同伴，分为甲乙两队；甲队儿童两手高举，作城门状，乙队儿童鱼贯而入，与甲队互相问答，唱童谣。回答既毕，两队儿童即合唱道：打鼓打鼓进城门。于是乙队儿童便从甲队儿童的手下钻过去。

这种且演且歌的儿歌，也可以说是戏剧的起源。

（四）看一看，认一认

甲骨文　　篆文　　简体
门　　　门　　　门

[①] 九通早教研究中心.老童谣 小时光·传统游戏[M].武汉:湖北九通电子音像出版社,2020:33.

这是"门"的字形演变,老师或家长可以带着孩子仔细观察:比如甲骨文的"门"像两扇大门,篆文承续甲骨文字形,简体完全淡去了"户"的形状,孩子在观察区分中感受文字的魅力。

第五章 "问"以悦人——好奇的天使

我国童谣历史悠久，其内容随着时代发展不断发生演变，种类也越来越多，近现代的童谣有了更多的功能，如教育功能、文学功能、艺术功能。问答童谣作为童谣的重要组成部分，是儿童用自己的语言记录和反映周边事物及自己的思想感情，适合其传唱的歌谣。

在生活中，我们总是会接收到儿童传递出来的各种好奇信号，说明其正在进行认知活动，这也是信息加工的过程。著名心理学家让·皮亚杰提出认知活动包括感知觉、注意、记忆、思维、语言、想象等。问答童谣以儿童生活认知经验为基础，将儿童的周围事物以一种奇妙的方式包裹在童谣中，儿童在念诵童谣时，通过想象去感知和思考，通过语言去描绘和塑造。不难发现，问答童谣正好符合儿童的认知发展规律。学前期儿童处于具体形象思维阶段，对简单易诵、生动形象、画面丰富的事物极感兴趣，而问答童谣排式工整，一问一答，富有韵律和节奏，题材丰富、内容浅显、形象生动、易唱易记，可以让儿童在愉悦的问答中接受认知、情感教育，是一种更能反映儿童周围世界以及儿童认知经验的趣味性童谣。儿童既是童谣传唱的载体，又是享受童谣的主体，儿童可以在问答童谣的世界里畅意遨游，体验、探索、学习并快乐前行。

第一节 品味问答的乐趣

一、乐问之"为什么？"

儿童是天生的问答家，从儿童开始学会说话时，我们总会听到儿童问："为什么？""这是什么？""那是什么？"儿童对生活中的各种事物充满了好奇，他们善于从各种事物中找到不同的角度,去摸索和实践。他们充满好奇心和求知欲的同时,也在不断发展自己探究问题与解决问题的能力。

问答童谣恰好满足了儿童对生活世界求知的需求。如儿童提出这样一个问题:"什么动物会飞？什么动物会跳？"那么问答歌"谁会飞？鸟会飞。怎样飞？拍拍翅膀向前飞。谁会跳？兔会跳。怎样跳？前腿蹦蹦后腿跳。"就回应了儿童的好奇与想象。根据儿童感兴趣的事物,我们也可以尝试带儿童去看一看生活中会"飞"和"跳"的动物,进一步满足儿童的需求。

二、生活中的故事

问答童谣是一种按方言韵律自然哼唱的类似口语的儿歌。与其他童谣的区别之处在于,问答童谣更倾向于"写实",它的题材来源于儿童的生活世界,符合幼儿的生活经验又能扩展幼儿的生活经验,在一定程度上也有助于丰富儿童的词汇量。如"谁在水里穿裙子？谁在天上推剪子？谁在草丛扯锯子？谁在屋角织网子？金鱼在水里穿裙子。燕子在天上推剪子。螳螂在草丛里拉锯子。蜘蛛在屋角织网子。"儿童在念唱童谣的时候受到童谣内容的陶冶和熏陶,自然会获取关于金鱼、燕子、螳螂、蜘蛛的形象、动作及词汇的相关经验,同时动脑思考,巩固经验,发展智力。

(插画来自重庆幼儿师范高等专科学校2022级学生　汪漫)

三、传递创造的火花

每个儿童都喜欢想象,善于创造,问答歌的结构工整、体式简单,是儿童喜欢和善于创编的童谣体裁,能够反映和激发儿童的想象力和创造力。

在儿童创编问答歌的时候,教育者应围绕事物的某个点,从不同角度、不同方向引导儿童提出不一样的问题,从而拓宽儿童的思维,鼓励儿童合理问答。如创编问答童谣《尾巴歌》:"什么尾巴长?什么尾巴短?什么尾巴像把伞?猴子尾巴长,兔子尾巴短,松鼠尾巴像把伞!"[①]此时,可引导儿童抓住动物尾巴的特点,采用先问后答的句式创编问答歌,进一步拓展和发散思维,让儿童想象各种动物的尾巴像什么,用打比方的方法,小伙伴合作,一个创编问句,一个创编答句,创编出"什么尾巴长?什么尾巴短?什么尾巴像把伞?马儿尾巴长,乌龟尾巴短,孔雀尾巴像把伞!"等类似的问答童谣。儿童积极的想法、活跃的灵感和创造性的想象得到充分释放,而儿童最可贵之处,就在于他们具有创造性的思维。如果我们能为儿童创造一个有趣的问答情境,如"动物尾巴商店",那么对于儿童的创造性思维有着促进作用,让其在生动有趣的情境中,乐于问答,合理问答,运用问答,进一步提升其创造力。

儿童的思维具有随时性、发散性,无论何时、何地,他们看见什么就编唱什么。夏天,看见鲤鱼浮出头就编唱:"谁会游?鱼会游。鲤鱼鲤鱼怎样游?摇摇尾巴点点头。"秋天,看见水池里的金鱼就编唱:"金鱼的什么最大?金鱼的肚子最大。金鱼的肚子像什么?金鱼的肚子像水牛。金鱼的什么最小?金鱼的眼睛最小。金鱼的什么最长?长长裙子舞彩绸。"问答歌编唱多了,孩子就有了一定的观察力、想象力和创造力。这时,就可编写复杂一点的问答歌,根据一个事物的多种特征,从不同的侧面加以描绘。如麻雀:"小槐树上怎么飞?飞来飞去争虫子。稻谷田里怎么飞?惊慌失措快快跑。傍晚落宿怎么飞?叽叽喳喳吵一夜。"又如描绘螃蟹:"螃蟹怎么爬?""八只脚横着爬,口吐白沫不说话。(外部形态)""螃蟹怎么爬?""爬上岸,钻水里,爬墙上壁做把戏。(生理特征)"在问答中凸显创造的魅力。问答童谣中还蕴含着传统文化的教育意义,编写鲤鱼跳水:"红鲤鱼,跳哪里?胡须一翘跳龙门。跳过龙门又到哪里?跳进年画成了神。"其中就表现了年画"年年有余"的传统风俗。

爱因斯坦曾经说过:"创造力会感染的,传递下去。"孩子们可以合作讨论如何创编问答歌,在思维碰撞中的过程中启迪智慧,在充满灵感和趣味的氛围中创造出一首首问答歌,激发儿童的无限可能。

---

① 陈俊红.问答童谣[M].石家庄:河北美术出版社.2019:15.

四、愉悦的享受

童谣含有许多音乐要素,比如语言的句式和音节,体现音乐的节奏节拍要素。游万玲认为童谣的节奏、富有方言特色的韵律和富有韵味的歌词,构成特有的天然的音乐美感。[1]问答童谣体式工整、排列整齐、富有韵律和节奏,儿童念诵起来朗朗上口,在传唱童谣的同时可感受童谣的内容和情感,感受地方方言的韵律、句式、语调等特点及其所蕴含的节奏节拍,让儿童边唱边跳,边玩边学,有利于培养儿童良好的情绪和情感。请看陈俊红主编的问答童谣《小铜锣》:"小铜锣,铛铛响,一路走,一路唱,问我唱的什么歌?货郎来了唱吆喝。"[2]这首问答童谣的结构极为简洁,却蕴含着较高的审美价值。儿童在念唱到"货郎来了唱吆喝"这句童谣时,可在"唱"处短暂停顿,用方言的句式唱出"吆喝"两字,让儿童感知问答歌的语汇构造、语音效果。童谣语句的音韵流畅且富于变化,易于上口,昂扬的音韵,明快的节奏,使孩子在唱和中得到一种审美愉悦感。

(插画来自重庆幼儿师范高等专科学校2022级学生　冉金仙)

五、真善美的塑造

儿童道德情操的培养对于其良好习惯和社会行为的养成、个性品德的发展具有重要作用。如大班学习活动中的问答谣,可以培养幼儿爱祖国的积极情感。"青青的草,红红的花,我唱歌儿骑着马。什么马?大马。什么大?天大。什么天?青天。什么青?山青。什么山?高山。什么高?塔高。什么塔?宝塔。什么宝?国宝。什么国?我爱中华

---

[1] 游万玲.培养幼儿的乡音乡韵——福州语童谣在幼儿园音乐教学中的应用探索[J].教育探究,2011(1):37.
[2] 陈俊红.健康童谣[M].石家庄:河北美术出版社.2019:19.

人民共和国。"再如"吃饭不让妈妈喂,走路不让爸爸抱。看见小鸟点点头,看见客人问声好。"这首童谣教育了孩子自己的事情自己做,既培养了孩子的自理能力,又教育孩子从小懂礼貌,争做文明人。这首童谣贴近生活,娓娓阐述,将礼貌和友谊的主题蕴育其中,给人一种真善美的享受。

第二节　你问我答的童趣

爱因斯坦提到:发展儿童般渴望认知的欲望,并将这儿童引导至重要的社会领域。儿童认知发展的最终方向是适应社会、改造社会。问答童谣正是满足儿童认知欲望的重要途径,儿童念诵童谣是多感官参与的过程,将静态的文字化为动态的活动,儿童通过唱歌、跳舞、绘画等活动充分地与问答童谣进行互动,在交互过程中探索周围世界,享受你问我答的乐趣。

一、耳朵比一比——《谁的耳朵长》

(一)童谣细细读

谁的耳朵长[①]

动物园里朋友多,
谁的耳朵长？兔子的耳朵长。
动物园里朋友多,
谁的耳朵短？马的耳朵短。
动物园里朋友多,
谁的耳朵能遮脸？象的耳朵能遮脸。
动物园里朋友多,
谁的耳朵尖？猫的耳朵尖。
动物园里朋友多,
谁的耳朵圆？猴的耳朵圆。
动物园里朋友多,
谁的耳朵听得远？狗的耳朵听得远。
我们都是好朋友,一起做游戏。

[①] 胡志远,张舒.童谣游戏1[M].上海:复旦大学出版社,2016:4.

（二）故事慢慢听

一天，动物园里发生了一件有趣的事情，小动物们因为这件事争夺不休，到底是什么事呢？原来，森林里举办了一个比赛——谁的耳朵本领大？小动物们纷纷来参加比赛，小兔子说："我的耳朵本领大，我的耳朵最长了，能听到很多很多事情。"小马说："不对不对，我的耳朵本领才大呢，我的耳朵特别短，最好洗清了！"大象说："你们都错啦！我的耳朵本领才厉害，你看，我的耳朵又大又厚，能把我的脸遮住，也像一面扇子，还能给你们扇扇风呢！"小猫说："哈哈哈，你们的耳朵有什么用，我的耳朵是最漂亮的，尖尖的，多美丽！"小猴说："可是我的耳朵最圆啊！你们的耳朵都没我的圆呢！"小狗不服气了："要比听力，还是我的耳朵最厉害吧，你们能听得比我还远吗？"

小鹿妈妈这时走过来说："大家都别争了，别争了，你们的耳朵本领都很厉害啊。小兔子的耳朵长、小马的耳朵短、大象的耳朵能遮脸、小猫的耳朵尖、小猴的耳朵圆、小狗的耳朵听得远，大家各有所长，都能发挥自己的长处呢！"这时小兔子说："可是小鹿妈妈，既然我们的耳朵都很厉害，谁是第一名呢？"小动物们都犯了难，这时小马提议说："不如我们大家都当第一名吧！"小象说："我同意。"小猫说："我也同意。"小猴说："好啊好啊，我们都是第一名。"小狗说："那我们都赢啦！"小动物们高兴地抱在了一起玩起了游戏。

想一想：小朋友们，你的耳朵长什么样子呢？它有什么本领？

（三）游戏趣味玩

人数：12名幼儿。

玩法：

1.12名幼儿围成圈站立，分别有两名幼儿戴有马、大象、猴子、狗、兔子和猫的头饰。

2.全体幼儿一起说童谣的第一句："动物园里朋友多，谁的耳朵长？"戴有兔子头饰的幼儿模仿兔子在原地跳一圈，并回答："兔子的耳朵长。"以此类推。

3.全体幼儿拉手一起说最后一句："我们都是好朋友，一起做游戏。"

意义：让幼儿掌握童谣的节奏特点，能够有节奏地朗读童谣，培养其团队合作意识与能力。

（四）耳朵连连看

请小朋友根据童谣和故事内容，用线条找一找小动物们的耳朵吧！

兔子	🐵
小狗	🐺
猴子	🐶
小猫	🐘
大象	🐰
小马	🐴

(五)唱唱尾巴歌

家长或教师可引导幼儿在熟悉曲调的基础上,结合童谣内容进行问答歌创编,感受吟唱和改编问答歌的乐趣。

猜尾巴

二、湘西民间童谣《盘花》[1]：

民间童谣是儿童感知本民族文化的特有渠道。在念诵童谣和游戏中,儿童以最本能的方式表达着对"我文化"的认识及接纳,对"他文化"的选择与理解。问答童谣属于纯语言类民间童谣,往往将幼儿生活中能接触到的事物、人物、事件或地名融入其中,以相互问答为主要互动和游戏方式。在湘西纯语言类民间童谣游戏中,最具特色的当属湘西土家族盘歌童谣,它是融猜谜游戏与土家族盘歌为一体的一种独特的湘西民间童谣。

(一)童谣细细读

盘花[2]

问唱:什么开花朝太阳?

什么开花节节长?

什么开花长杆吊?

什么开花满园香?

答唱:葵花开花朝太阳,

---

[1] 何珍.湘西民间童谣游戏在幼儿园的开发与利用研究[D].湖南师范大学,2017.
[2] 何珍.湘西民间童谣游戏在幼儿园的开发与利用研究[D].湖南师范大学,2017.

芝麻开花节节长，
紫木开花长杆吊，
桂树开花满园香。

(二)知识慢慢听

湘西境内多个少数民族杂居，新中国成立后，与汉族文化多有交融。虽然出现了文化适应性的文化重构现象，但在湘西大部分的聚居区，其节庆风俗、着装习俗、劳作方式和生活习惯等依旧保留着民族原生态。这些民族文化凝聚在湘西民间童谣中，借助游戏形式进行一代代传承，呈现地域传承性、自发规则性和艺术情境性的特点。湘西民间童谣的内容蕴含着其特有的地域文化，涉及生活场景、劳动工具、礼俗关系、自然事物、图腾精神等，承载着湘西儿童的文化与精神世界，又传递出湘西人的民族性格与生活旨趣。例如，湘西文化素来以神秘为标识，幼儿最初以民间童谣游戏这种最自然、最为愉悦的方式体验民族文化，能在其中感受到浓郁的地方文化所带来的亲切感。

(三)游戏趣味玩

游戏玩法：一般以二人对唱，一问一答，也有一人盘唱，众人抢答等形式。这些盘歌问答，一句描述一事，四句成首诗歌。

游戏意义：通过抢答童谣的方式，促进幼儿灵敏的反应能力。

(四)看一看、认一认

请小朋友们看一看、认一认葵花、芝麻、紫藤、桂花等的样子，感受大自然中植物生长的神秘与美丽。

(五)民谣唱一唱

《什么结子高又高》是一首反映劳动人民生产生活的民歌，一问一答地把山歌唱出来，富有韵律和强调意味。家长或教师可引导幼儿在熟悉曲调的基础上，结合《盘花》内容进行歌词改编，将童谣融入民歌进行唱诵，感受音韵流畅且富于变化的问答歌。

三、问答童谣《什么圆圆》

（一）童谣细细读

什么圆圆①

什么圆圆红彤彤？太阳圆圆红彤彤。
什么圆圆响咚咚？小鼓圆圆响咚咚。
什么圆圆蹦蹦跳？皮球圆圆蹦蹦跳。
什么圆圆空中飘？气球圆圆空中飘。

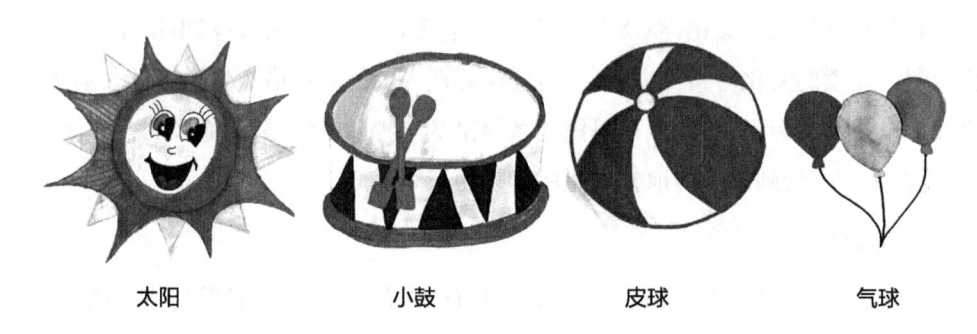

太阳　　　　小鼓　　　　皮球　　　　气球

（插画来自重庆幼儿示范高等专科学校2022级学生　汪漫　冉金仙）

（二）故事慢慢听

有一只可爱的小兔子，听说太阳是红红的、圆圆的便要去找太阳。

它来到屋子里，拿着红红的、圆圆的小鼓问妈妈："妈妈，这是太阳吗？"

妈妈说："不，这是一面小鼓，太阳在屋子外面呢！"

小兔子来到菜园子里，看见三个红红的、圆圆的皮球问妈妈："妈妈，这是太阳吗？"

妈妈说："不，这是三个皮球，太阳在天上呢！"

小兔子抬起头，看见天上飘着红红的、圆圆的气球问妈妈："妈妈，这是太阳吗？"

妈妈说："不，这是红气球……"

小兔子焦急地喊："真急人，太阳到底在哪儿呢？"

妈妈说："瞧，太阳只有一个，还会发光呢！"

小兔子顺着妈妈手指的方向，抬起头，大声叫："妈妈，我找到了，太阳红红的、圆圆的、亮亮的，照在身上暖洋洋的。"

小朋友们，太阳到底是什么样子的？你知道了吗？

---

① 胡志远,张舒.童谣游戏1[M].上海:复旦大学出版社.2016:19.

(三)游戏趣味玩

人数:4人及以上

玩法:

1.幼儿平均分成两组,面对面坐好,对唱童谣。

2.一组中的一名幼儿开始提问:"××,我来问,你来答,什么圆圆红彤彤?"对面小组被点名的幼儿回答:"太阳圆圆红彤彤。"然后回答的幼儿接着问对面的幼儿。

3.提问和回答的过程中如果不叫对方小组中幼儿的名字或者是叫错名字都要被淘汰。

4.最后人数最多的一组为获胜小组。

意义:通过有节奏地说唱童谣,熟悉问答童谣的结构和节奏,感受问答童谣的乐趣,培养幼儿灵敏的反应能力。

(四)小小妙笔画一画

小朋友们,快用画笔给太阳宝宝和太阳公公穿上好看的衣服吧!

(插画来自重庆幼儿师范高等专科学校2022级学生　汪漫　冉金仙)

(五)载歌载舞跳一跳

家长或老师带着孩子一起哼唱《太阳》这首歌,并以舞蹈的方式进行表演。

舞蹈动作一:双手向上扬起后收回胸前。

舞蹈动作二:家长或老师原地蹲下并拍手,孩子围着转圈。

舞蹈动作三:家长或老师将孩子横抱,轻轻摇,模仿睡觉。

舞蹈动作四:两人手拉手转圈后,额头挨着额头微微笑。

第六章　最初的记忆——摇篮曲

摇篮曲又被称为"催眠曲",从古至今,摇篮曲都是哄婴幼儿睡觉时唱的儿歌。母亲或祖母哼唱摇篮曲,以达到让孩子在平静而优美的声音中入眠的效果。可以说摇篮曲是歌唱者与孩子之间独特的交流方式,每个人在刚刚脱离母体,来到人世间时,几乎都会听到母亲哼唱的摇篮曲,这种来自母亲的声音能够使婴儿感到安全,从而平静下来。这也是一个人在人生中接触到的最早的一种文学形式,且这种文学形式融入了母亲的爱意,渗透着人世间最原始的温暖。因此,摇篮曲也被认为是"母歌",是母亲唱给孩子的歌。

如果说摇篮曲是人类最初的教育记忆,那么这种教育来自母亲,这种记忆不会随着人的成长而消失,无论是儿童还是成年人,哪怕是古稀老人,都会在记忆深处留存着母亲为自己歌唱摇篮曲的场景。

第一节　用童谣与婴儿沟通

一、摇着才能睡

很多母亲会发现,婴儿都喜欢摇晃,尤其是在哭闹的时候,摇着摇着,婴儿不哭了;摇着摇着,婴儿就不闹了;摇着摇着,婴儿就安静了;摇着摇着,婴儿就睡着了。为什么婴儿喜欢摇晃呢?婴儿喜欢摇晃是因为刚脱离母体的婴儿缺乏安全感,他已经适应了子宫里小小的空间,突然来到大大的世界,便有了一定程度的不适应。在母亲肚里时,婴儿感受着小小空间带来的包裹感。每一天,他都在随着母亲轻微的运动而感受子宫这个最天然的摇篮带来的舒适感;每时每刻,他都在母亲的心跳声中度过生命中最无忧无虑的时光。

或许每一次入梦,都能听到母亲喃喃的歌声;每一次醒来,都能感受到母亲嘤嘤的问候。这种母子间的互动,原始又朴实,自然又亲密,带给婴儿最美妙的记忆。因此,当婴儿出生后,这种最自然的舒适感、最温暖的亲密感、最原始的安全感忽然消失了,于是便会有大量不安的情绪,导致其爱哭闹。

母亲将婴儿抱在怀中摇晃,则能让婴儿靠着母亲,消除他的孤独感,同时,让婴儿在怀抱中再次感受来自母亲的体温和包裹感,而这与他在母亲肚里的感觉极为相似,由此产生一种奇妙的安全感与舒适感,这种安全感与舒适感有助于婴儿消除不安的情绪,并安静下来。同时,伴随着母亲温柔的摇篮曲,婴儿逐渐安睡,体现出母子间与生俱来的信任与和谐。从婴儿的健康发展来看,轻微而有节奏地摇晃能够刺激宝宝的前庭觉,可以促进宝宝平衡能力的发展,感觉与运动觉的协调。

二、唱着的童谣

母亲吟唱是人类哺育后代的一种原始本能,这种本能随着人类繁衍生息,代代相传。当母亲抱着初生的婴儿便能够自然而然地哼唱出浅浅的曲调,呢喃的歌声犹如世间最温柔的巧手拂过宝宝的心灵,安抚宝宝所有的不安。这种歌声在历史的河流中从未消失,也不会消失。

中华民族历史悠久,地广物博,每个地域也都有自己独特的文化。因此,在中国,摇篮曲大都出自当地的童谣,与一般民间流传的童谣不同,摇篮曲不是吟诵,而是吟唱而出,是名副其实的"唱着的童谣"。

摇篮曲具有浓郁的地方色彩,古代社会交通不便,地域间的生存环境差异较大,各地之间的交流远不如现在。人们长期生活在固定的环境中,祖祖辈辈受当地文化的熏陶,形成固定的地域性特征,如语言、音乐、舞蹈、建筑等。摇篮曲在这种文化的润养下逐渐形成,它真实地反映了当地的风土人情。从浅层次来看,摇篮曲所表现的是当地的语言、景物、动物、习俗等;从深层次来看,摇篮曲是当地人精神世界的艺术性表达,是人们的思想、观念、情感的心理特征的集体反映。因此摇篮曲的歌词通常具有地方特色,并且多以方言吟唱。这种具有地域文化特色的方言吟唱,从教育的方面来说是一种最初始的地域文化教育,没有刻意而为之,是一种自然的亲情传达、文化传承。

三、情感的交流

瑞士小儿科医生舒蒂尔曼曾对大量新生儿进行了研究,结果表明,习惯于早起的母亲所养育的宝宝,从出生开始便有了早起的习惯,而习惯晚睡的母亲所养育的宝宝则都有晚睡的习惯。这种宝宝与母亲之间的"步调一致"可以称之为"母子感通"。在感通上,母亲处于主动地位,只有母亲爱抚胎儿、理解胎儿,才能不使胎儿产生精神上的障碍。[1]在妊娠反应时期母子间便会建立起一种联结,胎儿在子宫内首先感受到的是韵律,在胎儿的头几个月里,韵律不是通过胎儿听觉感受的,而是胎儿全身随着母体大血管分支的血流搏动作同时颤动,这就构成了胎儿在母亲体内的声音生存大环境。而现代大量研究认为胎儿在母体中能够对外界的声音有所感应,当母亲对着腹中胎儿说话、唱歌时,胎儿便记住了母亲的声音,当胎儿出生后便会随着记忆中的声音去理解并适应新的世界。因此,当母亲在哼唱摇篮曲时,宝宝似乎能够听懂母亲的想法,乖乖入睡,这种超越语言认知的情感交流是母亲与宝宝之间独有的沟通方式。

第二节 摇篮曲的地域性表达

童谣作为一种源自民间的文学形式,其创作是来自群众、服务群众的。归根结底,童谣的意义和价值是以人为本的。因此,作为童谣的主要组成之一,摇篮曲在民族民间文化的发展过程中不但需要回归到群众中去,还要符合各地区人们的思想内涵。例如,四川的摇篮曲《觉觉咯》:"啊哦,啊哦,乖乖哦,觉觉咯,狗不咬哦,猫不叫哦,乖乖睡觉咯。"童谣,运用了四川的方言,"觉觉"即"睡觉",是常用来哄小宝宝所用的叠词,对于不会说话或刚刚牙牙学语的宝宝,家中长辈都会用适宜理解和学习的叠词促进宝宝"听"和"说"的能力,体现了长辈对家族晚辈的宠爱之情;"乖乖"是四川人对宝宝的爱称,展现了对宝宝亲昵的爱。"猫"和"狗"是最常见的小动物,既有捕捉老鼠,看家护院的实用性,而且也是陪伴孩子成长的好伙伴。可见,一首摇篮曲既包含了当地的语言特色,还蕴含着当地浓郁的生活特色。

一、上海摇篮曲

(一)童谣读一读

外婆桥[2]

摇啊摇,

摇到外婆桥,

外婆叫我好宝宝。

---

[1] 王金璐.母亲参加体育活动对孩子的影响.[J]当代体育科技,2015(18):38.
[2] 陈俊红.晚安童谣[M].石家庄:河北美术出版社:2019:2.

糖一包，

果一包，

吃完饼儿还有糕。

（二）知识听一听

上海是位于我国东部地区的直辖市，地处长江口，其历史可追溯至春秋时期，曾是吴国的领土。到了唐代，则成为海上丝绸之路的重要港口，被称为"海上之都"。悠久的历史使上海具有独特的文化风格，如方言、建筑、服装、童谣等。其中上海童谣是当地儿童熟知的地方文化之一，尤其是这首《外婆桥》，每个母亲都喜欢在哄孩子睡觉时哼唱这首童谣，一代代上海人在母亲"摇啊摇，摇到外婆桥"的唱诵中，悄悄长大成人，母亲的爱子之情与童谣中蕴含的家乡文化融为一体，成为印在所有上海人儿时最美好的回忆，更是心中最深的情感，无论是近在咫尺，还是远在他乡，这份记忆都是他们对亲人、对家乡最真挚的爱恋。在2006年，这首童谣被评为十个"最上海的声音"，足以说明上海人对其的喜爱程度。"摇啊摇，摇到外婆桥"，简短的一句童谣，既展现了上海的地域特色和上海人最寻常的生活方式，更体现了上海人对祖孙亲情的重视。上海人从小便于水有着深厚的情缘，长江、黄浦江，滋养着这里的人们，于是，船便是他们生活中最为常见的工具。船在水中行驶，顺着水波摇摇晃晃，就像婴儿的摇篮一般，在摇篮中静静入睡，当醒来时已到外婆家中，吃各种糕点。这便是上海孩子最快乐的童年生活。童谣《外婆桥》既是上海儿童生活最真实的写照，又是上海文化最朴实的展现。

（三）歌曲唱一唱

老师或家长扮演上海弄堂里的"母亲"，孩子扮演"宝宝"，"母亲"坐在摇椅上哼唱摇篮曲《外婆桥》，哄"宝宝入睡"，"宝宝"睡在"母亲"怀中，在歌声和摇椅缓缓的摇动中入睡。

二、广州摇篮曲

（一）童谣读一读

月光光[①]

月光光　照地堂，

虾仔你乖乖训落床。

听朝阿妈要赶插秧啰，

阿爷睇牛佢上山岗啊。

[①] 谢东宝.词短意长 曲美情真——粤语儿歌《月光光》赏析[J].职大学报，2012(6)：53.

阿仔你快高长大啰，
帮手阿爷去睇牛羊喔。
月光光　照地堂，
虾仔你乖乖训落床。
听朝 阿爸要捕鱼虾啰，
阿嬷织网要织到天光啊。
虾仔你快高长大啰，
划艇撒网就更在行哦。
月光光　照地堂，
年卅晚　摘槟榔。
五谷丰收堆满仓啰，
老老嫩嫩喜洋洋啊。
虾仔你快点的眯埋眼啰。
一觉训到大天光喔。

(二)方言帮一帮

1."虾仔"是广东人对小孩子的昵称，代表长辈希望孩子快快长大。

2."训落"意为"睡上"。

3."听朝"指"明天早上"。

4."睇"意为"看"。

5."帮手"意为"帮忙"。

6."天光"指"天亮"。

7."老老嫩嫩"指"老老少少"。

8."快点的眯埋眼"指"快闭上眼睛"。

(三)知识听一听

广东省，简称粤，是中国的南大门。因古地名"广信之东"，故得名为"广东"。位于南岭以南，南海之滨，与海南隔海相望，与香港、澳门、福建、广西、江西和湖南接壤。广东是岭南文化的重要传承地，无论是在语言、风俗，还是生活习惯、历史文化等方面都具有自己独特的风格。这首摇篮曲《月光光》由粤语吟唱，粤语又称广东话、广府话、白话，属汉藏语系汉族语汉语方言。粤语是我国南方方言里保留中古汉语成分较多的一种，其中最为突出的特点就是它较为完整地保留了中古汉语普遍存在的"入声"，其声母、韵母和声调与古汉语标准韵书《广韵》高度吻合。国学大师南怀瑾先生认为，粤语是我国唐代的国语。广东靠山临海,是农耕文明的发祥地之一,这里的人既能在田间耕种,还能下海捕鱼,拥有丰富的生产生活技能。因此,在这首充满地域特色的摇篮曲中,随处可见农耕文化和渔猎文化的痕迹。例如"阿妈要赶插秧啰,阿爷睇牛去上山岗啊。""插秧"和"睇牛"都是农耕文化的显著标志;"划艇""织网"是生长在海边的广东人赖以生存的生产生活技能,每到捕鱼的季节,男人都会出海打鱼,女人就会在家织渔网、侍奉双亲、养育儿女。"阿仔你快高长大啰,帮手(帮助)阿爷去睇牛羊啊""虾仔你快高长大啰,划艇撒网就更在行哦"这两句是长辈对晚辈的期望,盼望宝宝快快长大,同时也可以看出广东人民最朴实的农耕和渔猎生活状态,他们热爱这片养育自己的土地,热爱这种地域文化和生活,并且要世世代代延续这种热爱。在孩童时代,母亲就为孩子歌唱摇篮曲,并通过这种母子间的交流,教育孩子爱家人、爱家乡。

(四)歌曲唱一唱

老师和孩子们一起唱一唱童谣《月光光》。

(五)故事画一画

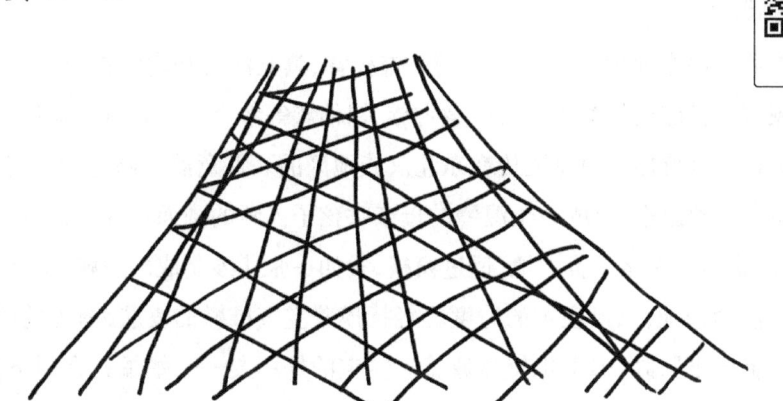

(插画来自重庆幼儿师范高等专科学校2022级学生　崔蜀慧)

又是一个捕鱼的季节,妈妈带着虾仔织好了渔网,爸爸带着虾仔出海打鱼,这是虾仔第一次出海打鱼,他用渔网网住很多小鱼,那么这张网里会有多少鱼呢?

要求:老师或家长带着孩子,引导他发挥想象,把自己想象成和爸爸一同出海打鱼的虾仔,然后一边画一边讲自己捕鱼的小故事。

(六)情景舞一舞

孩子跟着老师或家长跟随音乐节奏一起模仿广东的妈妈和虾仔织渔网。

舞蹈角色:妈妈、虾仔。

舞蹈动作准备:妈妈和虾仔盘腿坐在地上,用一块床单做渔网(如果有渔网更好)。

舞蹈动作一：织渔网

妈妈左手握渔网，右手五指并拢，胳膊肘弯曲，前臂带动整个手臂左右移动。

舞蹈动作二：晒渔网

虾仔在妈妈的带领下双手握着渔网的两端，站立起身，将渔网拉开，并不断变化位置，做出全方位晒渔网的动作。

三、东北摇篮曲

（一）童谣读一读

月儿明 风儿静 树叶儿遮窗棂
蛐蛐儿叫铮铮 好比那琴弦儿声
琴声儿轻 调儿动听
摇篮轻摆动 娘的宝宝
闭上眼睛 睡了那个谁在梦中①

（二）知识听一听

东北指我国的东北地区，包括辽宁省、吉林省、黑龙江省和内蒙古自治区的东部。东北地区地域宽广，汉族、朝鲜族、满族、蒙古族、锡伯族等多个民族在这里聚居，形成了多元化的文化结构。这首摇篮曲是流传在东北汉族地区的一首童谣，内容生动，将东北地区浓郁的生活特色展现出来，形成一幅温馨的母亲哄孩子入睡的画面："在秋高气爽的夜晚，月儿照窗棂，温柔的月光笼罩着大地，透过窗棂，犹如一张薄纱制成的蚊帐，披散在雕花的木床边。风儿静悄悄地，以最轻柔的力度轻轻抚摸着宝宝稚嫩的皮肤，窗外的树叶儿，在微风的抚摸下低垂下眼眸，似乎也快睡着了。宝宝的好朋友——蛐蛐儿在树下悠闲地唱和着妈妈的歌声，帮着妈妈哄宝宝入睡。听，蛐蛐儿的歌声多动听啊，和平日里爷爷拉的二胡的声音一样优美。摇篮里的宝宝在这既迷人又温柔的夜晚，在月亮、树叶、微风的陪伴下，在妈妈动人的歌声中，在蛐蛐儿的唱和声中，甜甜地入睡了，渐渐地，宝宝露出了笑脸，也许是做了一个美美的梦吧。"

（三）歌曲演一演

家长和孩子一起演绎童谣《摇篮曲》：

1. 道具准备：洋娃娃两个。
2. 演绎角色：家长与孩子扮演妈妈。
3. 演绎过程：家长与孩子盘腿而坐，家长为孩子哼唱摇篮曲，孩子模仿家长哼唱，同时

---

① 该首摇篮曲是由大连歌舞团团长郑建春根据大连新金县（现普兰店）农村民间小调再创作而成。

两人将洋娃娃抱在怀中,轻抚洋娃娃的背,演绎哄宝宝入睡情景。

(四)蛐蛐的秘密

蛐蛐又叫蟋蟀、促织,因为它总是在夜间鸣叫,所以也叫夜鸣虫。蛐蛐是一种古老的昆虫,距今已有上亿年的历史了。蛐蛐喜欢打斗,因此,无论是在古代还是在现代,人们都喜欢将两只蟋蟀放在一个容器里,让它们打斗,这就是人们常说的"斗蛐蛐儿"。如果你以为蛐蛐儿只喜欢打斗,是一种调皮的昆虫,那么你就错了。蛐蛐儿其实是一种特别"严谨"、特别"能干",而且特别能"吃苦耐劳"的昆虫。在法国昆虫家、文学家法布尔撰写的《昆虫记》为我们介绍了蟋蟀这位勤劳而伟大的"建筑师"如何为自己建造简朴、干净、舒适的家。作者在儿童时代就喜欢和蟋蟀玩,成人以后对蟋蟀进行了更深入的研究。宋代诗人叶绍翁在《夜书所见》中写道:"知有儿童挑促织,夜深篱落一灯明。"可见,蛐蛐(蟋蟀、促织)是很多孩子童年的小伙伴,很多孩子的童年必定有一个时光、一个角落有着蛐蛐的故事。

第七章　巧巧嘴——绕口令

绕口令,是我国民间文学中一种比较独特的语言艺术形式。[①]它把近似的双声、叠韵词语组织在一起,或有意识地把一些发音形同或相近、容易读混淆的字词组合成诙谐风趣的韵语,绕口令和其他类型的童谣稍有区别,部分绕口令的内容其实并没有明确的意思,它只是通过这种特殊的语言游戏达到使人娱乐的目的。比如在快速的诵读中因说不准,咬字不清,声调不对,表意错误等问题而引人发笑,使人愉悦。

绕口令结构短小,句中重复的字词、读音较多,句中句尾字押韵,富有节奏感,有的还带有故事性,诙谐幽默,妙趣横生,深受广大群众的喜爱。通过咏唱绕口令,练习发音,辨别声调,能够促进儿童听觉能力的发展,同时增强儿童的记忆力,还能培养儿童的反应能力,使他们在正确的发音中获得自信。

第一节　"绕"来"绕"去乐陶陶

一、日有所诵——感受语言魅力

绕口令作为一门特殊的语言艺术,最大特点是"绕口",被形象地称为"口腔体操"。从总体上看,绕口令有"绕""咬""急"的特点。"绕"指的就是绕口令绕着弯子说话,例如"爸爸搬白布,伯伯摆白布,爸爸不摆白布搬白布,伯伯不搬白布摆白布",将简单的一句话颠来倒去地说。"咬"是因为绕口令句中含有发音相同、相近、易混淆的词汇将语言变得拗口、咬

[①] 吴超.中国绕口令[M].上海:上海文艺出版社,2001:1.

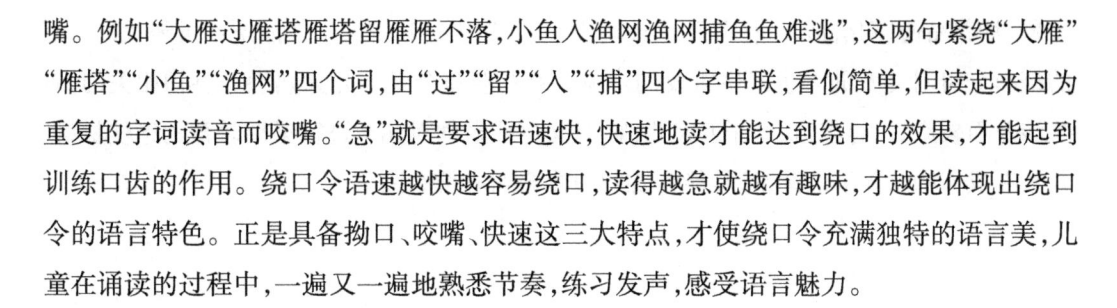

嘴。例如"大雁过雁塔雁塔留雁雁不落,小鱼入渔网渔网捕鱼鱼难逃",这两句紧绕"大雁""雁塔""小鱼""渔网"四个词,由"过""留""入""捕"四个字串联,看似简单,但读起来因为重复的字词读音而咬嘴。"急"就是要求语速快,快速地读才能达到绕口的效果,才能起到训练口齿的作用。绕口令语速越快越容易绕口,读得越急就越有趣味,才越能体现出绕口令的语言特色。正是具备拗口、咬嘴、快速这三大特点,才使绕口令充满独特的语言美,儿童在诵读的过程中,一遍又一遍地熟悉节奏,练习发声,感受语言魅力。

二、贴近生活——创造语言环境

语言是人类最重要的交际工具,是思维的基础。儿童期是语言发展的关键期,3岁左右幼儿的听觉辨别能力和发音调节能力较弱,常常会出现不能辨别近似音的现象,如把"老师"说成"老西",也存在发音方法不正确的情况;4—6岁的儿童在发音器官的逐渐发育下,通过较好的语言训练和引导能够掌握全部语音,做到正确发音、咬字清楚。其中,语音的发展是口语发展的首要因素,锻炼儿童的发音尤为重要。绕口令是我国民间文学中一种比较独特的语言艺术形式,长期练习可以矫正发音,尤其是锻炼儿童的发音,使其把话说得更清楚。绕口令也有一定的故事背景,其题材通常来源于儿童生活,简单浅显,增强了儿童的兴趣。家长或老师用富有故事性的绕口令教儿童发音,能吸引儿童的注意力,取得更好的效果。儿童从牙牙学语开始,就可以拿绕口令这种口头文学来练习,再与小伙伴比比看谁说得准确、说得敏捷。

由于"绕口令"的重复字词、读音较多,儿童在念诵时容易混淆,对语言发展水平和文字水平相对较低的儿童来说,学习绕口令比较困难。因此,家长或老师需要为儿童创设良好的语言环境,在儿童感兴趣、熟悉的生活情景中给予儿童丰富的语言刺激。儿童通过诵读绕口令,可以感受绕口令整齐匀称的结构、快速且和谐的韵律,在"拗口"中促进其语音、语调等的发展,让其自觉、自然地进入语音训练状态,锻炼其的语言理解能力和语言表达水平。

二、敏学童谣——启迪儿童智慧

霍华德·加德纳教授提出了多元智能理论,其中一种智能是语言智能,这种智能使人具有较强的听、说、读、写能力。布鲁纳认为儿童最复杂的语法和言语符号往往最先在游戏情境中使用。绕口令的游戏形式,能让儿童辨别相近的发音,提高语言的敏感性。绕口令作为一门特殊的语言艺术,富有情趣,需要技巧,要想念得既快又好,没有快速的思维、良好的记忆、伶俐的口齿,是很难做到的。在闲暇时间说上几段绕口令,既能活跃气氛,又能有益于身心健康。绕口令是儿童喜闻乐见的文学样式,它能增长知识、启发智慧、激发想象、培养品德、陶冶情趣,在儿童成长过程中,其作用是其他文学作品所不可替代的。好的绕口令可对儿童的一生产生重要的影响。有些绕口令是与儿童熟悉的事物相关的,有些涉及面较广、内容丰富、亲子互动性强,是父母或老师对儿童进行早期教育的绝佳材料。儿童在成人的陪伴下诵读童谣,能在游戏中体会到成长的快乐。

第二节 比比谁读得快又好

一、《鹅过河》

（一）畅读童谣

鹅过河[①]

坡上卧着一只鹅,坡下流着一条河,

宽宽的河,白白的鹅,

鹅过河,河渡鹅。

"宽宽的河""肥肥的鹅"这两个形象放在一起本身就非常有画面感,让人看到就会"嘿嘿"一笑,再配上"he""e"这样的音,孩子们读起来还是比较有挑战性的。如果一旦挑战成功,不仅能纠正他们的发音,更能让他们拥有一股莫大的成就感。这样的成就感,会让他们对语言文字有一种天然的好感与感知力。

（二）一起来找茬

鸡、鸭、鹅是我们生活中最常见的家禽,它们之间有什么区别呢？请孩子仔细回想,并说说它们的相同点和不同之处。

---

① 文心.儿歌童谣 谜语 绕口令大全[M].成都:天地出版社,2015:207.

（三）小小妙笔画一画

（插画来自重庆幼儿师范高等专科学校2022级学生　成美琳）

幼儿为小动物涂上自己喜欢的颜色，要求能凸显鸡、鸭、鹅的特征，或者幼儿和成人一起画不同姿态的鸡、鸭、鹅。

二、《爱画画的娃娃》

（一）畅读童谣

爱画画的娃娃[①]

好娃娃，爱画画。

画个瓜，画朵花，画只虎，画匹马。

虎踩瓜，马踏花，瓜打虎，花骂马。

娃娃画画顶呱呱，挂上画儿笑哈哈。

（二）故事慢慢听

有个小娃娃，从小爱画画，是一个天生的小画家。他画了一个又红又圆的大西瓜，画了一朵漂亮的小花，画了一只大老虎，又画了一匹马。忽然，老虎踩着了大西瓜，马踏到了小花，大西瓜和小花都不干了，西瓜咕噜噜地滚过来打大老虎，小花骂马不看路？呀，好热闹啊，怎么回事呢？原来是可爱的娃娃画的画像真的一样，放在一起可热闹呢。看着挂在墙上的画，娃娃心里也乐开了花。

[①] 李文生,牛晓曦.兔子洞插画工作室绘.少儿播音主持训练系列教材 故事绕口令100篇[M].长沙:湖南科学技术出版社,2019:45.

（三）小小妙笔画一画

（插画来自重庆幼儿师范高等专科学校2022级学生　张力郡）

（插画来自重庆幼儿师范高等专科学校2022级学生　余秀香）

家长或老师可以引导幼儿认识童谣中的动物，在认识的基础上，画出童谣中出现的瓜、虎、马和花。

三、《爷爷捉兔》

（一）畅读童谣

爷爷捉兔[①]

一位爷爷他姓顾，上街打醋又买布。

打了醋，买了布，回头看见鹰抓兔。

放下布，搁下醋，上前去追鹰和兔。

飞了鹰，跑了兔，打翻醋，醋湿布。

家长或老师带着幼儿一起观察鹰的图片，认识鹰，并问鹰平时住在什么地方？它有什么生活习性？通过这则绕口令，成人可以告诉孩子：鹰是一种吃小动物的大鸟，它们飞行速度快，是捕捉猎物的能手。

---

① 李文生，牛晓曦．兔子洞插画工作室绘．少儿播音主持训练系列教材 故事绕口令100篇[M]．长沙：湖南科学技术出版社，2019：85.

（二）"描"趣横生

（插画来自重庆幼儿师范高等专科学校2022级学生　谭星）

（插画来自重庆幼儿师范高等专科学校2022级学生　成美琳）

幼儿在家长或老师的引导下，依样临摹鹰和兔。随着年龄的增长，成人应逐渐放手，让幼儿根据自己的理解画出各种姿态的鹰和兔。

（三）故事慢慢听

有位姓顾的爷爷，大概八九十岁了，上了岁数经常因为丢三落四被顾奶奶教训。有一天，顾奶奶让顾爷爷上街去打点醋，路过裁缝店顺便再买块布回来，顾爷爷高高兴兴出了门，到了街上，他打上了醋，也买上了布，心想这回总没有忘记吧。快到家的时候，忽然，一个黑影唰地一下，从天而降，把顾爷爷吓了一跳。仔细一看，原来是一只老鹰想抓住躲在墙角的小白兔，眼看凶狠的老鹰伸出利爪马上就抓到小白兔了，顾爷爷放下布，扔掉醋，一个箭步跑过去挡在老鹰面前，护住了小白兔，并伸长了手准备抓向空中的老鹰。老鹰也被顾爷爷吓了一跳，振动翅膀快速飞走了，趁着顾爷爷抓老鹰的时候，机灵的小白兔也逃跑了！等顾爷爷低头一看，放在地上的醋瓶子因为在赶老鹰时被打翻了，而且打翻的醋洒到了旁边的布上，布也被打湿了。这一下，顾爷爷愣住了！老鹰跑了，小白兔逃了，看着打翻的醋和弄湿的布，顾爷爷不由得愁了起来，这下又要挨骂了？小朋友，你们猜猜，顾爷爷回家会挨顾奶奶的骂吗？

（四）玩转童谣

家长或老师和幼儿一起合作，进行游戏表演，如一位爷爷他姓顾——右手出食指，上街打醋又买布——原地踏步；买了布，打了醋——出右手掌，左手掌；回头看见鹰抓兔——做回头动作；放下布，搁下醋——手心向下，右手左手出；上前去追鹰和兔——原地小跑；飞了鹰，跑了兔——挥动"翅膀"，做小兔子耳朵；打翻醋，醋湿布——右手摊开表示醋打翻，左手摊开表示布被打湿。

四、《数枣》

（一）畅读童谣

数枣[①]

出东门，过大桥，大桥底下一树枣。

拿着竿子去打枣，青的多，红的少。

一个枣，两个枣，三个枣，四个枣，五个枣，

六个枣，七个枣，八个枣，九个枣，十个枣。

十个枣，九个枣，八个枣，七个枣，六个枣，

五个枣，四个枣，三个枣，两个枣，一个枣。

（插画来自重庆幼儿师范高等专科学校2022级学生　陶婷婷）

枣子生长在哪里？未成熟时是什么颜色？成熟后又是什么颜色？家长或老师通过讲解，让孩子知道红枣很有营养，也可以入药。

[①] 文心.儿歌童谣 谜语 绕口令大全[M].成都：天地出版社，2015：227.

(二)乐赏童谣

《打枣》是一首活泼风趣的唢呐独奏曲,表现了在河北农村的爷爷和孙女在庭院里打枣的欢乐情景。唢呐是我国民族吹管乐器,音色高亢、明亮,可以形象地模仿人说话的声音。

(三)玩转童谣

游戏"数枣":家长或老师给幼儿准备一个装有十颗枣的盘子,让幼儿自主练习"数枣",并让其逐渐加快速度,边朗诵边表演,体验绕口令的趣味性。随着年龄的增长,还可以让幼儿尝试倒着数。

五、《分果果》

(一)畅读童谣

分果果[①]

多多和哥哥,坐下分果果。
哥哥让多多,多多让哥哥。
都说要小个,外婆乐呵呵。

这则绕口令讲的是两个小朋友互相谦让的事。家长或老师可以给孩子讲讲"孔融让梨"的故事,让孩子了解谦让是一种美德。

(二)故事慢慢听

有一天,多多和哥哥在家玩游戏的时候,妈妈下班了,一进家门就对多多和哥哥说:"妈妈买了你们喜欢的苹果,去洗洗,和外婆一起吃苹果吧。"多多和哥哥听了高兴得又蹦又跳,冲着里屋的外婆喊:"外婆,外婆,吃苹果啦!"哥哥把苹果洗得干干净净,放到盘子里,端到桌子上。哥哥对着多多和外婆说:"你们吃大个的,小的我吃。"多多一听,连忙站起身来说:"不不不,哥哥,你和外婆吃大个的,我年纪小,我吃小苹果!"哥哥说:"你是弟弟,哥哥当然要让着你了,大苹果好吃,你吃吧!"看着这对小哥俩,都要小苹果,一旁的外婆和妈妈乐开了怀。外婆欣慰地对多多妈妈说:"孩子们这么懂事,古有孔融让梨,今有兄弟分果,真是一对好兄弟啊!"小朋友们,听了这兄弟俩分苹果的故事,你们从中学到什么了?

---

① 李文生,牛晓曦.兔子洞插画工作室绘.少儿播音主持训练系列教材 故事绕口令100篇[M].长沙:湖南科学技术出版社,2019:59.

（三）歌悠童谣

《李小多分果果》这首歌曲取材于孩子们的日常生活小事，离儿童很近，表现了关心别人胜过关心自己，对他人充满爱心的主题。

六、《搭白塔》

（一）畅读童谣

搭白塔[①]

白石白又滑，搬来白石搭白塔。
白石搭白塔，白塔白石搭。
搭好白石塔，白塔白又滑。

（二）小小妙笔画一画

（插画来自重庆幼儿师范高等专科学校2022级学生　张力郡）

（插画来自重庆幼儿师范高等专科学校2022级学生　陶婷婷）

---

① 文心.儿歌童谣 谜语 绕口令大全[M].成都：天地出版社，2015：203.

家长或老师通过绘画、拼搭、折纸等方式设计、描绘家乡的塔,并引导幼儿用不同的材料制作家乡的塔,感知塔的特征,同时感知塔和亭子的不同,宝塔有许多层,四周封闭,楼梯通到塔顶,越往上越小;而亭子一般用几根圆柱支撑,面积较小,大多只有顶,没有墙。

(三)玩转童谣

积木是孩子最爱玩的玩具之一,不妨在读绕口令的同时,跟孩子一起动手搭建一座小塔,让孩子在动口的同时也锻炼一下动手的能力。或者成人和幼儿一起念绕口令,当幼儿听到"塔"字,做尖塔形手势,听到"搭"字,轻轻拍一下大腿,并请幼儿数一数绕口令里共出现了几个"塔"和几个"搭"。

七、《宝宝补鼓》

(一)畅读童谣

宝宝补鼓[①]

一面小花鼓,鼓上画老虎。宝宝敲破鼓,

妈妈拿布补。不知是布补鼓,还是布补虎?

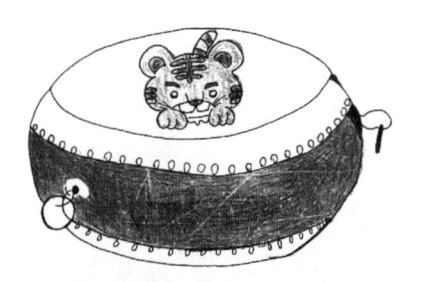

(插画来自重庆幼儿师范高等专科学校2022级学生　陶婷婷)

(二)故事慢慢听

邻居家有个乖宝宝,长得胖墩墩,非常可爱。宝宝虽然年纪小,可是两只肉乎乎的小手劲儿特别大。一天妈妈给宝宝买了一个小花鼓,红色的鼓身,浅黄的牛皮鼓面,鼓面上还画着一只活灵活现的大老虎。宝宝每天用他的小肉手不停地敲打着老虎,咚咚的鼓声,让宝宝听得很开心,越开心敲打得越有劲。敲着敲着,噗地一声,牛皮鼓面被宝宝敲破了。这下大老虎也看不出来了,敲鼓面也没有咚咚的声音了,宝宝哇地一声哭了起来。一见宝

[①] 李文生,牛晓曦.兔子洞插画工作室绘.少儿播音主持训练系列教材 故事绕口令100篇[M].长沙:湖南科学技术出版社,2019:40.

宝哭闹,妈妈心疼了,赶紧过来抱起宝宝哄:"没关系,别哭啦,妈妈现在就给宝宝把鼓补好。"于是妈妈翻箱倒柜找出了一块黄色的布,一边开始穿针引线,一边继续哄着宝宝。小朋友,你猜猜,妈妈是在用布补破鼓,还是在补鼓上的大老虎啊?

(四)乐赏童谣

家长或老师带领幼儿一起欣赏音乐《凤阳花鼓》,并引导幼儿用语言和动作表现乐曲欢快、喜悦的情感。随着幼儿年龄的增长,可让幼儿欣赏安徽民歌的舞蹈,了解乐曲表演中经常用到的道具和乐曲,并尝试用红绸和花鼓合作表现乐曲《凤阳花鼓》。

第八章 我们的传统我们的节——传统节日童谣

中华民族在漫长的历史发展进程中,孕育出许多的传统节日,如春节、清明节、重阳节、中秋节等,形成了博大精深的传统文化。而传统文化则是中华民族的生存之根和立世之本。几千年来,我国的劳动人民传承并发展着传统文化,既体现了中华传统文化的核心价值,又展示了中国人的精神世界。2005年,中宣部等部门联合发布《关于运用传统节日弘扬民族文化的优秀传统的意见》提道:"中国传统节日,凝结着中华民族的民族精神和民族情感,承载着中华民族的文化血脉和思想精华,是维系国家统一、民族团结和社会和谐的重要精神纽带,是建设社会主义先进文化的宝贵资源。"传统节日蕴含着中华民族几千年来凝结的文化内涵,这种参与度极高的传统文化形式,能充分唤起中华儿女对中华文化的认同感、从而建立文化自信。

第一节 细说传统节日

一、传统文化与传统节日

费孝通先生在《乡土中国》一书中指出:"文化是依赖象征体系和个人的记忆而维护着的社会共同经验。这样说来,每个人的'当前',不但包括他个人'过去'的投影,而且还是整个民族'过去'的投影。"[1]作为传统文化重要组成部分的传统节日,能够植根于文化系统中,是整个民族共同的记忆,这种记忆深埋在每个人、每个家族、每个群体的记忆中,无论

---

[1] 费孝通.乡土中国[M].北京:北京大学出版社,2012:10.

是"过去"还是"当前",传统节日都是人们传递快乐、寄托思念的重要载体。上千年来,传统节日对于文化的运行已有着不可替代的功能,而对于中国人来说,传统文化更是一种精神上的寄托与需求。

中华传统文化凝聚了中华民族五千年的智慧,其内容是"知识",其本质却是"精神"。传统节日属于传统文化的重要组成部分,其蕴含着大量传统文化,可以说,传统节日是在传统文化的土壤中生根、发芽、成长,逐渐形成的一套程式化的节日体系。

(一)应时而生

中国传统节日植根于四季变化中,体现了中国人尊重自然规律、顺应自然时序,将天、地、人"三才"贯通一气,追求"天人合一"的理念。从四季变化的规律来看,中国传统节日在时序的安排上犹如一条串联春夏秋冬的"文化链"。当春天来临时,大地悄然回暖,万物复苏,人们在新的一年里感受春节和元宵节带来的快乐,阖家团圆,拜年庆贺,观灯猜谜,尽情享受春天带来的新希望。接着在雨水颇多之时迎来清明节,绵绵密密的春雨,是春天对大地、对劳动人民最大的馈赠,这时节人们会祭祖、寻根,表达对祖先的深深思念,还会踏青、赏春,并以饱满的热情投入春播的忙碌中。当炎炎夏日来临之时,端午节又如约而至,人们采艾草、包粽子、送扇子、赛龙舟,在酷暑之际,艾香、粽香飘荡着亲人和朋友间浓浓的问候,凉扇驱除了人们烦躁的心情,龙舟赛出了中华儿女的豪情万丈。时至金秋,秋高气爽,中秋节、重阳节也接踵而至,在丰收的喜悦中,人们赏月、登高,以最浪漫的方式庆贺丰收,祝福长辈。当严冬来临时,腊八节、小年、除夕随着漫天的瑞雪飘然而来,人们早已忘记寒冷,在欢乐的氛围中扫洒除疫、社火游街、团圆守岁,品味"田增五谷人增岁"的喜悦。四季佳节的娱乐项目与烹饪食材也是应时而设。春节里热腾腾的饺子,为人们驱散一身的寒气,鞭炮、窗花、对联给寒冬增加了喜庆和热闹;清明节踏青、放风筝等娱乐活动应着春风和春景,让人们感受着春回大地的生机;端午节的艾叶和粽叶为时令植物,艾叶帮助人们祛除夏季的各种蚊虫之毒,粽叶的清香能够缓解暑气带来的烦躁之感,而赛龙舟这种水上活动,更是夏季人们的最爱;重阳节时秋高气爽,尤其适合登高望远,感受秋日里层峦叠嶂之美,菊花这种秋日特有的鲜花,用于室内装点,使人心情舒畅,用于饮食,更有多重养生功效。可见,四时节庆错落有致,既和谐又有趣,充分体现了人与自然的融洽互动。

(二)传统节日文化

中国的传统节日都有其特定的文化内涵。春节来源于原始农业社会庆贺丰收的"腊祭",祭祀神灵、敬畏祖先,表达对神灵、祖先和大自然的感恩之情,而辞旧迎新,阖家团圆则是一年一度家家户户欢度春节的主题。春节的一系列仪式、礼仪不仅展现了以人为本的传统观念,还反映出中华民族追求团圆、祥和的精神追求。清明节时人们以扫墓祭祖、缅怀先烈的形式增强中华儿女的血脉认同、文化认同和民族认同。而无论是春节还是清明节都展现了中华民族传统文化中的祭祀文化,自古以来,我国传统的祭祀活动就极为丰富,就祭祀而论,春节的祭祀活动在早期就已经形成了两大传统:一是为感念大自然的馈赠而举行的祭祀,如祭祀灶神、祭祀土神、祭祀河神等;二是为古圣先贤和宗族祖先而举行的祭祀活动,在春节之际,宗族家长们带领一众子孙以最虔诚之心祭拜祖先,感念恩德,将子孙所取得的荣耀告慰祖先,并祈求祖先庇佑。这也是中华民族饮水思源,不忘根本的优良传统。可以看出,传统节日体现了传统文化中的民族精神。与此同时,传统文化中的物质文化也在传统节日中以多样化的方式呈现。而每一种呈现在节日中的物质都具有相应的文化意蕴。如除夕与新年交替之际,人们都会围在一起吃饺子,"饺子"是"交子"的谐音,同时形同元宝,寓意着辞旧迎新,来年招财进宝,而"年糕"则寓意着年年登高,万事顺意;年夜饭上必定要有鱼,"鱼"谐音"余",寓意年年有余,富贵年年;中秋节的吃月饼,赏圆月,则寓意着"天上月圆,人间团圆"之意;春节在家门上得贴上"福"字,而且必定倒着贴,寓意"福来到",这些节日中的物质文化同样将中国的传统文化意蕴发挥得淋漓尽致,传统味儿十足。

二、传统节日的特点

中国的传统节日历史悠久,每个节日都有自身的特点,按时间顺序排列,中国传统节日主要有除夕、春节、元宵节、清明节、端午节、七夕节、中元节、中秋节、重阳节等。

(一)除夕,也称为"除夜""大年夜",指农历十二月的最后一天,"除夕"也就是旧岁在这一天结束,至此而除之意。《周礼·夏官》曰:"方相氏……率百隶而时傩,以索室驱疫。"可见,我国早在周代之时就已经有了岁末举行驱傩的礼俗。而"除夕"二字,最早则见于东汉应劭《风俗通义》载:"常以腊除夕饰桃人,垂苇茭、画虎于门,皆追效于前事,冀以御凶也。"到晋代时除夕有了守岁的习俗,唐代时称为"除夜",直至宋代,守岁则成了举国上下的年终大事。此时,人们会在除夕之时打扫庭院,更换门神,挂钟馗像,钉桃符,祭祀祖先。到了明代,除夕的民俗活动更为丰富。五更焚香送玉帝上界,迎灶神下凡间,门窗贴葫芦窗花,挂祖先像,全家聚在一起吃年夜饭,一起守岁。这种习俗一直延续到现在,成为人们生活中不可缺少的一部分。

(二)春节俗称"新年",是中华民族最隆重的传统节日之一,节日为农历正月初一。汉族、蒙古族、壮族、布依族、朝鲜族、满族、侗族等民族都会过春节。通常从过小年(腊月二十三或二十四)到元宵节(正月十五),都属于新年范围。据传在尧舜时期已经有了春节风俗,只是称呼不一样。《尔雅·释天》载:"夏曰岁,商曰祀,周曰年,唐虞曰载。"在早期,岁首的时间不尽相同。夏朝岁首与现在相同,以北斗星所指的时辰,由子时至亥时,每月迁移一辰,定夏历正月之时庆贺新年。商代则把四季大祀中的冬祀定为新岁。直至汉武帝时,落下闳、邓平等创制了"太初历",才明确以夏历正月初一为岁首;另一说法则是认为除夕源于原始社会的"腊祭",这是在忙完一年的农事之后,为报答神的恩赐而举行的祭祀。而过年则是庆祝丰收的日子,《穀梁传》载:"五谷皆熟,为有年也。"无论是甲骨文还是金文,"年"都是果实收获,谷穗成熟的形象。在辛亥革命之后,中国用公历纪年,以公历元月一日为新年,以农历正月初一为春节。

(三)元宵节,又称"上元节""元夕节",流行于全国各地,每年农历正月十五晚上举行观灯、猜灯谜等与灯有关的民俗活动,故又得名"灯节"。关于元宵节的起源,一种说法认为是起源于西汉时期,《史记·乐书》载:"汉家祀太一,以昏时祠到明,今人正月望日,夜游观灯,是其遗事。"另一种说法则认为起源于东汉永平年间(公元58—75年),汉明帝提倡佛教,于是便在上元夜,令宫廷、寺庙"燃灯表佛",令士族百姓家家挂灯,此后逐渐形成民俗,成为民间盛大的传统节日。古往今来,我国大量的文人甚至帝王,在诗词中都有对元宵节的描写,足以见得,元宵节在各阶层人士中受欢迎的程度。南北朝时的梁简文帝曾作描写元宵节的《列灯赋》:"南油俱满,西漆争燃。苏征安息,蜡出龙川。"隋代,每年都会举办盛大华丽的灯会,以招待外国使者,隋炀帝写下"灯树千火照,花焰七枝开"的诗句以赞扬当时的盛况。到了唐代,灯会的场面更为繁盛,唐代诗人感叹当时之盛景写下《上元夜》:"玉漏铜壶且莫催,铁关金锁彻明开。谁家见月能闲坐,何处闻灯不看来。"可见,当时家家户户都是彻夜观灯游玩,好不繁华,好不热闹。北宋乾德五年(公元967年),放灯又增加至五夜,即"起于十四,止于十八。"南宋淳祐三年(公元1243年),增加正月十三一夜,此时,元宵灯节增至六夜。明代定都金陵后,永乐七年(公元1409年)明成祖下诏:"元宵节自十一日始,赐节假十日。"这便是中国历史上最长的元宵灯节。清代诗人梁元颖在《元夕前门观灯》中写道:"细马轻车巷陌腾,好春又是一番增,今宵闲杀团团月,多少游人只看灯。"清代文人潘荣陛在《帝京岁时纪胜》中载:"城市张灯。自十三日至十六日四永夕,金吾不禁。"直至现代,中国人依旧尤为重视元宵节,人们观灯、猜灯谜、滚狮舞龙、吃元宵,家人团聚,传统风俗历经千年传承至今,仍盛行不衰。元宵节的结束也就意味着,新的一年的劳作正式开始,在节后人们纷纷开始劳动、出行谋生,以辛勤的付出等待年底的收货,期待来年的团聚。

(四)清明节,又称"踏青节""祭祖节",同样属于我国多民族节日,流行于我国大部分地区。在古代,清明节的前两日为寒食节,禁用烟火,食用前一天做好的熟食,后因两个节日时间接近,逐渐将两个节日合为一个节日。在唐朝和宋朝,便有了将面粉做成的"子推燕"穿在柳条上挂于门口,或是直接将柳条插在门口,是以给晋代介子推母子招魂,其实均为寒食遗意。再后来演变为在此日植树。南宋吴自牧在《梦梁录》中载:"家家以柳条插于门,名之曰'明眼'。"清明节也是民间的祭祖之日,人们扫墓祭祖,追忆亡人。《旧唐书》载:"五月癸卯寒食上墓,宜编入五礼,永为恒式。"诗人杜牧在《清明》中曰:"清明时节雨纷纷,路上行人欲断魂,借问酒家何处有,牧童遥指杏花村。"清明时节正是春暖花开之时,老百姓将扫墓祭祖与郊游踏青相结合,到大自然中接受春天的滋润,感受春天的活力,形成了遍及全国的踏青风俗,而这一风俗在唐代尤为盛行。诗人杜甫曾做诗《清明》描述此风俗:"著处繁华矜是日,长沙千人万人出。渡头翠柳艳明眉,争道朱蹄骄啮膝。"最为有名的当属宋代画家张择端所画的《清明上河图》,画中生动地描绘了当时东京城(今河南省开封市)清明节时人们扫墓踏青归来的情景。踏青之时,人们还会进行拔河、蹴鞠、射柳、扑蝴蝶、放风筝、荡秋千等活动。直至现代,中国人依旧会在清明时节扫墓、祭祖、踏青,而且除了汉族外,彝族、壮族、布依族、土家族等部分少数民族也会过此节日。

(五)端午节,又称为"粽包节""龙舟节",流行于我国大多数地区,时间为每年的农历五月初五。端午节最早记载于《太平御览》卷三十一引晋周处《风土记》:"仲夏端五。""端"即初也,指农历五月的第一个五日。在古代,"五"通"午"。关于端午节的源起,一说是源起于春秋时的越国,越王勾践在此日操练水军,宋代高承在《事物纪原·竞渡》引楚传曰:"起于越王勾践。"另一说则是为纪念楚国著名的爱国诗人——屈原。南北朝吴均在《续齐谐记》中载:"屈原五月五日投汨罗水,楚人哀之,至此日,以竹筒子贮米投水以祭之。"后来人们在这一天吃粽子以纪念屈原。由于诗人屈原的爱国主义精神和他的诗词作品对中国人的影响极为深远,秦汉以后,屈原一说便被全国老百姓所公认,并且沿用至今。在端午节时,民间有吃粽子、赛龙舟、饮用雄黄酒、挂艾草、戴香包等风俗活动。

(六)七夕节,称"七巧节",时间为每年农历的七月初七,七夕节的风俗从汉代就已经开始了,而七夕节与牛郎织女的民间神话传说有着紧密的联系。将七月初七作为一个节日的记载,最早见于《西京杂记》卷一载:"汉彩女常以七月七日穿七孔针于开襟楼,俱以习之。"可见,早在西汉时期长安宫廷便已有七夕之日穿针乞巧的风俗,而宫廷中的乞巧风俗也是当时民间七夕风俗的反映。如果在民间没有相关传说,没有七夕节,那么宫中也不会有乞巧。南北朝宗懔也在《荆楚岁时记》中曰:"七月七日,为牵牛织女聚会之夜……是夕,人家妇女结彩缕,穿七孔针。"这与《西京杂记》中的记载相吻合,说明宫廷、民间都会在七夕之夜穿七孔、结彩缕,度七夕。到了唐代,七夕节的风俗更盛。盛唐时代人祖詠作《七夕》曰:"闺女求天女,更阑意未阑,玉庭开粉席,罗袖捧金盘。向月穿针易,临风整线难。不知谁得巧,明旦试相看。"唐代诗人权德舆作七绝《七夕》曰:"今日云骈渡鹊桥,应非脉脉与迢迢。家人竞喜开妆镜,月下穿针拜九霄。"以上的诗句都写到了穿针、拜月等习俗。权德舆当时在长安做官,因此写出了大户人家过七夕的状况,在古代,高门大户的妇女通常会在楼上举行穿针、拜月的相关活动,取高楼近月之意,而民间一般百姓则通常在露天地上举行各种活动。可见从汉代到唐代,七夕节的习俗一直未变,而七夕节则更多是妇女的节日,一般人家的妇女都会在这一天刻意打扮,举行各种习俗活动,如穿针、投针、储七夕水、讲悄悄话、听牛郎织女故事等。养育子女的任务一般都是由妇女完成,因此在过七夕的时候,她们必定带着家中孩童一起娱乐,从某种意义上说,七夕节也就成了女性与孩子共同度过的一个传统节日。

(七)中元节,俗称"盂兰盆节""鬼节",时间为每年的农历七月十五,在民间广为流传,原为宗教节日。关于中元节的来历的一种说法是源于道教,道家认为七月十五为中元日,地官下降,定人间善恶,道观会在中元之日做斋醮荐福。另一说法是源于佛教,是为追悼祖先及亡人而举行。唐代韩鄂在《岁华纪丽·中元》中载:"道门宝盖,献在中元。释氏兰盆,盛于此日。"之后,逐渐演变为民间祭祖之日,家家户户追悼祖先,祭奠亡人,并有放河灯、烧纸钱等活动。这些民俗活动也记载于大量文献中。吴自牧的《梦粱录》卷四载:"七月十五日,……后殿赐钱,差内侍往龙山放江灯万盏。"明代刘侗的《帝京景物略》载:"十五日,诸寺建盂兰盆会,夜于水次放灯,曰放河灯。"清代时,中元节的祭扫活动尤胜清明。可见,无论什么时代,中国人都有着对祖先的追念,对亡人的思念。

(八)中秋节,又称为"仲秋节""团圆节"等,汉族的传统节日之一,时间为每年的农历八月十五,因正值三秋之半,故名为"中秋"。此时的月亮又大又圆又亮,人们在中秋之夜赏月,寓意圆满。早在周代就已经有了中秋祭月的活动,汉代已具雏形,晋代已有中秋赏月之举,只是未形成风俗,直至唐代,中秋赏月、玩月才形成风俗。欧阳詹在《玩月诗序》中曰:"玩月,古也……八月于秋,季始孟终,十五于夜,又月之中。稽于无道,则寒暑均,取于月数,则蟾兔圆。"北宋时,正式定八月十五为中秋节,除了赏月、玩月,吃月饼也成了中秋节的重要风俗。苏东坡除了是文学家还是著名的美食家,他以"小饼如嚼月,中有酥与怡"来形容月饼的美味。明代田汝成在《西湖游览志余·熙朝乐事》中载:"民间以月饼相遗,取团圆之意。是夕,人家有赏月之燕,或携盒湖船,沿游彻笑。苏堤之上,联袂踏歌,无异白日。"直至现在,中秋节依然是中国人最重视的传统节日之一。

(九)重阳节,也称为"登高节""菊花节""茱萸节"等,时间为每年的农历九月初九。《易经》载:"以阳爻九。"九为阳数,九月九日即双九相重,故为"重九""重阳"。在东汉时期,就已有了九九重阳的相关记载,曹丕的《九日与钟繇书》曰:"岁往月来,忽复九月九日。九为阳数,而日月并应,俗嘉其名,以为宜于长久,故以享宴高会。"在此日,民间有登高佩茱萸,郊游赏菊,饮用菊花酒、食用菊花糕等习俗。唐代诗人王维在《九月九日忆山东兄弟》中曰:"独在异乡为异客,每逢佳节倍思亲。遥知兄弟登高处,遍插茱萸少一人。"清代富察敦崇在《燕京岁时记》中曰:"京师谓重阳为九月九日。每届九月九日,则都人士提壶携盒,出郭登高。"从汉代到清代,直至现代,重阳节登高望远,赏菊、饮菊、食菊的风俗一直在民间盛行。

中国传统节日之所以能够传承上千年,是因为其蕴含着浓郁的传统文化,深受老百姓喜爱,是老百姓所需要的。老百姓以传统节日为依托,表达自己的情感,满足自己的精神需求,无论是对亲人的思念,还是对祖先的追悼;无论是庆贺团圆,还是寄托对新一年新生活的希望等,都能在传统节日中找到情感和思想的依托,也正是具有这种强大的内蕴,我国的传统节日才能传承千年而不衰。

第二节 走进节日大世界

中国文化博大精深,每一个传统节日都蕴藏着不同的传统小故事,如偷吃仙丹的嫦娥,令人害怕的怪兽"年",和蔼可亲的灶王爷等。一个节日就是一个故事;一个节日就是一个回忆;一个节日就是一部文化史。通过小小的童谣,走进大大的传统节日世界,孩子们的童年也变得充满趣味儿和文化味儿。

一、传统节日童谣《过了腊八就是年》

(一)童谣细细读

过了腊八就是年[①]

小孩小孩你别馋,过了腊八就是年。

腊八粥,喝几天,哩哩啦啦二十三。

二十三,糖瓜粘。二十四,扫房子。

二十五,冻豆腐。二十六,炖锅肉。

二十七,宰公鸡。二十八,把面发。

二十九,蒸馒头。

三十晚上熬一宿,大年初一扭一扭。

[①] 孙曙.经典润童年·我们的节日(小学低段)[M].重庆:重庆出版社.2018:77.

（二）故事慢慢听

每到过年的时候，大人们喜气洋洋打扫房屋，购买年货，小孩子们更是开心，可以穿新衣服，收压岁钱。春节是我国的传统节日，民间又称"过年"，春节通常从农历正月初一开始，正月十五结束，那么，"过年"是怎么来的呢？人们为什么要过年呢？一起来听一听关于"年"的故事吧。

传说在很久很久以前，世间有一只怪兽，人们叫它"年"，这只怪兽十分凶猛，每到腊月三十那天，"年"就会到村寨里，袭击村民，被它抓住的村民都会被残忍地吃掉。因此，每到这一天，村民们全家聚在一起，躲到深山里，一起躲过"年"的袭击，人们叫这种躲避为"过年关"。在后来和"年"一次次的斗争中，村民们发现，"年"兽怕三种东西，一是红色，二是火光，三是爆炸声。于是每到腊月三十的时候，村民们家家户户都会挂起红灯笼，贴红色的对联，燃放爆竹，用这种方法把怪兽"年"给吓走。腊月三十的整个晚上，家家户户烛火通明，守更待岁，全家聚在一起，吃饺子，吃年夜饭，热热闹闹地度过一夜，初一早上，大家互相串门问候、走亲戚、互相问候，祝贺大家成功度过"年关"。从此人们，就再也不用举家到深山里去躲避"年"兽了。后来，这些风俗就代代相传，成为中国最隆重的传统节日。

（三）新春乐事逛一逛

春节自古以来都是最热闹的节日之一，在童谣《过大年》中，各种民俗活动丰富多彩，深受孩子们的喜欢，那么春节到底有哪些民俗活动呢？

1.办年货

在春节前几天，家家户户都会购买过年所需的物品，称为"办年货"。年货包括了吃的食物，如瓜子、糖果等；穿的，如大人、小孩都要在过年时置办新衣服、新鞋子，高高兴兴迎接新的一年；贴的，如窗花儿、对联、福字等；送的，大年初一，家家户户都要走亲戚、串门，通常都会带上礼物，因此，置办年货时也会买好送人的礼物。办年货是中国人过春节时的一项重要活动。

2.扫尘

"二十四，扫房子"，在春节前打扫房子，民间俗称"扫尘"。其实就是在年终的时候家家户户要对家里进行一次大扫除，如清洗家里的窗帘、器皿、被褥等，掸拂尘垢，清理蜘蛛网，干干净净、亮亮堂堂地迎接新年。民间认为"尘"与"陈"谐音，年底除尘就是"除陈布新"的意思，扫尘就是要把家里所有的晦气一起打扫出门，以祈求来年一切从"新"开始，顺遂如意。

3.割年肉

"二十六，去买肉"，指的是在腊月二十六这一天要去购买过年所需的肉食。中国古代有"杀年猪"的风俗,家畜通常在腊月二十六这一天会出笼、出圈宰杀,人们会在此时购买肉,以备过年时包饺子、做年夜饭之需。因为古代是农耕社会,很多人家只有在一年一度的春节才能痛快地吃肉,故称为"年肉",所以割年肉是人们非常重视的一项风俗。

4.贴年红

腊月二十八、二十九的时候家家户户都会贴春联、福字、窗花、门神等红色喜庆之物,这些统称为"年红"。红色是中国人最喜爱的颜色,红色的元素增添了喜庆的节日氛围。可以说,没有红色的春节是不完整的。

(1)春联,又称为"对联",由上联、下联和横批三个部分构成,用书写工整、对仗的句子抒发对美好生活的祝愿。

(2)福字,贴"福"字在宋朝就已经有了记载,清代流行将福字倒着贴,寓意"福到了"。

(3)年画是一种古老的民间艺术,反映了老百姓最朴实的信仰和风俗,寄托着他们对新一年的希望。最早的年画是手工作画,后来木板印刷术兴起,年画通常由木板印制,年画的内容丰富多彩,一般为传统人物,如白娘子和许仙、门神等。

(4)窗花,为了增添过年的喜庆氛围,人们还喜欢在窗户上贴上各种精美的剪纸——窗花,窗花不仅有美好的寓意,还起到了装饰房屋的作用。

5.放鞭炮,在大年三十晚上,家家户户都会燃放爆竹,用噼噼啪啪的爆竹声除旧迎新。爆竹原是用于祛除邪祟、迎接神灵的作用,后因其带有强烈的喜庆色彩,而成为象征除旧迎新的符号。尤其是小孩子,大都很喜爱爆竹。

(插画来自重庆幼儿师范高等专科学校2022级学生　汪漫)

6.吃年夜饭,腊月三十晚上,一家人会聚在一起,做上一年到头最丰盛的一顿晚饭,喜滋滋地吃饭、聊天。通常年夜饭都要有饺子,饺子通"交子",寓意新旧交替,越来越好,而且还必须要有鱼,寓意"年年有余"。

7.拜年和压岁钱,大年初一早上,吃一盘饺子,穿上新衣服就要出门给长辈拜年了。孩子们会在大人的带领下拜访亲友,恭贺新春快乐,彼此问候,说一些祝福的话语,称为

"拜年",一般在此时,长辈会给小孩一个红包,里面装有"压岁钱"。"岁"与"祟"谐音,寓意压住邪祟,平安度过一年。

8.庙会,逛庙会是春节期间的重要民族活动,庙会上有卖吃的、玩的,还有很多传统的民间艺术表演,是孩子们喜爱的活动形式。

(四)载歌载舞跳一跳

春节到了,人们都会去逛庙会,庙会上有很多好吃的、好玩的,还有精彩的舞蹈表演,孩子们也会随着舞蹈演员们一起载歌载舞欢度春节。

舞蹈准备:1.5米长的大红色长绸一根,将长绸按1∶1的比例系在腰上。

舞蹈动作一:双手握住红绸,向上抛红绸。

舞蹈动作二:双手握住红绸,高举在头上方,左右挥动长绸,头随着长绸舞动而左右摆动。

舞蹈动作三:右手上,左手下,绕着自己小跑一圈。

(五)节日古诗品一品

元日

[宋]王安石

爆竹声中一岁除,

春风送暖入屠苏。

千门万户曈曈日,

总把新桃换旧符。

二、传统节日童谣《粽子香》

(一)童谣细细读

粽子香[1]

粽子香,香厨房。

艾叶香,香满堂。

桃枝插在大门上,

出门一望麦儿黄。

这儿端阳,那儿端阳,

处处都端阳。

---

[1] 孙曙.经典润童年·我们的节日(小学低段)[M].重庆:重庆出版社,2018:40.

(二)故事慢慢听

据说,端午节是为了纪念伟大的爱国诗人屈原。相传在战国时期,楚国有一位才华横溢、爱国爱民的大诗人,叫屈原。当时的秦国很强大,对包括楚国在内的其他国家造成了很大的威胁,屈原主张对楚国进行改革,并联合齐国一起对抗秦国,但遭到了楚国贵族的强烈反对,甚至还受到小人的离间,被革职流放。公元前278年,秦军攻破郢都,屈原心痛自己的祖国被屠戮,在农历五月初五作《怀沙赋》后,抱石投汨罗江而死。当地的百姓听说后,立即划船捞救,却无法找到屈原的尸体,百姓们怕鱼虾吃掉屈原的身体,便将米团投入汨罗江中,后来便形成了吃粽子的习俗,为了寄托对屈原的哀思,人们荡舟江河,后来逐步发展为划龙舟竞赛。

(三)端午习俗聊一聊

端午节有不少习俗,而且都是孩子们所喜爱的。

1.吃粽子。粽子是用粽叶将糯米和各种馅料包裹起来蒸或煮熟以后食用的一种食物,主要有尖角状和四角状的。其由来久远,由于各个地方的饮食习惯不同,粽子也形成了丰富的口味,主要有甜粽和咸粽两种口味,馅料有豆沙、咸蛋黄、五花肉、海鲜等。端午节吃粽子的风俗上千年不衰,已经成为中华民族影响最大、覆盖面最广的民间传统饮食习俗之一。

(插画来自重庆幼儿师范高等专科学校2022级学生　冉金仙)

2.挂艾草与菖蒲。在古代,人们认为艾草和菖蒲是可以驱邪祛病的植物,于是将艾草、菖蒲挂在门上,或是制成香包佩戴在身上。

（插画来自重庆幼儿师范高等专科学校2022级学生　冉金仙）

3.赛龙舟。"龙"是中华民族的图腾，中国人认为自己是"龙"的传人。龙舟是中华民族文化的象征，在端午节的时候会开展划龙舟竞赛，每条龙舟上有一个鼓舞士气的鼓手，十几个抑或几十个划桨手不等（根据龙舟大小而定），是一项传统的集体性竞赛。

（插画来自重庆幼儿师范高等专科学校2022级学生　冉金仙）

4.洗草药水。古籍也记载为沐兰汤。《岁时广记》记载："五月五日，竞采杂药，可治百病。"人们在端午这天，采药熬制成水，用于洗浴，可治疗皮肤病，祛除晦气。

（插画来自重庆幼儿师范高等专科学校2022级学生　汪漫）

5.洒酒。人们将雄黄、柏子、桃仁、艾叶等浸入酒后用菖蒲洒于墙角、门窗、床下等地，再给儿童肚脐、耳鼻涂抹上药酒,用以祛除毒虫。

(四)节日情景舞一舞

端午节,赛龙舟,感受端午时赛龙舟的情景,用舞蹈语言表现赛龙舟的节日情景。

道具准备:铺上一条瑜伽垫,当作龙舟;找一把扫帚当作桨。

舞蹈准备:大人和孩子坐在瑜伽垫上,膝盖自然弯曲,模仿坐在龙舟上的样子。

舞蹈动作一:一手上一手下,握紧"桨",从前往后划动,模仿划船的动作。

舞蹈动作二:双手将桨举过头顶,左右摆动,模仿胜利后舞动船桨的喜悦心情。

舞蹈要求:配合一段鼓乐,舞蹈时,合着鼓乐的节奏一边划桨一边喊"嘿、嘿、嘿"给自己打气;表现胜利时,也要随着高兴的心情大声呼喊。

(五)节日古诗诵一诵

浣溪沙·端午

[宋]苏轼

轻汗微微透碧纨,
明朝端午浴芳兰。
流香涨腻满晴川,
彩线轻缠红玉臂。
小符斜挂绿云鬟,
佳人相见一千年。

三、传统节日童谣《中秋到》

(一)童谣细细读

中秋到

中秋到,月儿圆,
青麦鲜,瓜子香,
苹果绿,柿子红,
嫩藕脆,甘蔗老,
花红像彩球,
葡萄真可口。[1]

---

[1] 熊良等.中国童谣(绘本版)[M].北京:中信出版社,2019:120.

(二)故事慢慢听

嫦娥奔月

(插画来自重庆幼儿师范高等专科学校2022级学生　汪漫)

很久以前,天上突然出现了十个太阳,晒得大地都裂开了,庄稼都死了,老百姓快活不下去了。这时候有一个叫后羿的神射手,他拉开大弓,一口气射掉了九个太阳,并对最后一个太阳说:"从今以后,你必须按时升落,造福百姓。"昆仑山上的西王母为了嘉奖他,送给他一枚仙丹,吃下可以成为神仙。可是后羿不想离开妻子嫦娥,就让嫦娥把仙丹藏在百宝匣里。这件事被后羿的一个叫逢蒙的徒弟知道了,他也想成仙,便打起了歪心思。

八月十五这天,后羿带着徒弟们出门,逢蒙假装生病,留了下来,到了晚上,逢蒙来到后羿家里寻找仙丹,并威逼嫦娥交出仙丹,嫦娥不肯。逢蒙便到处找,眼看就要找到了,嫦娥一个箭步向前,取出仙丹,一口吞了下去。嫦娥吃了仙丹,身体突然飘了起来,越飞越高。这时,后羿回来了,急忙追了出去,嫦娥呼喊了后羿,后羿也很着急,可是无济于事。嫦娥一直飘向空中,最后飞到了月亮里,月亮里冷冷清清,只有一棵高大的桂花树和一只玉兔在树下跳来跳去。

乡亲们都很想念美丽善良的嫦娥,每到八月十五,人们都在院子里摆上嫦娥平时爱吃的食物,遥遥为她祝福。从此以后,每年的农历八月十五,就成了人们企盼团圆的中秋佳节。

(三)中秋习俗聊一聊

1.走月。这是中秋节的一大特色。在月光下,人们三五成群,结伴而行,街市闲游、泛舟河上、登楼赏月。行走在月光下,沐浴在月光中,感受中秋月圆之美。

2.祭月。这是我国中秋节时的古老习俗,表现了早期人们对月亮的崇拜,即对大自然的敬畏之心。祭月时,设香案,摆上月饼、水果等祭品,在月亮下,将"月神"牌位摆放在月亮所在的方位,点亮红烛,全家人一起祭拜月亮,祈求福祉。这种习俗后来逐渐演变为赏月。

(插画来自重庆幼儿师范高等专科学校2022级学生　冉金仙)

3.赏月。这个风俗源于祭月,是由祭月演变而来。人们在中秋之夜,将餐桌摆放在能够看见月亮的地方,如窗边、庭院、高楼等。全家人聚在一起饮酒吃饭,一起欣赏月亮之美,感受团圆之美。

(插画来自重庆幼儿师范高等专科学校2022级学生　汪漫)

4.吃月饼。月饼原是中秋节祭月的贡品,后来人们逐渐把品尝月饼和中秋赏月作为家人团圆的象征。圆圆的月饼寓意着大团圆,是中国人喜爱的糕点。

5.玩兔儿爷。这项风俗起源于明朝末期,盛行于北京一带。"兔儿爷"形象为兔首人身,披甲胄,插护背旗,或坐或立,或捣药或骑兽。最初,"兔儿爷"用于中秋祭月,到了清代,由于其十分可爱,深受孩子喜爱,逐渐转变为儿童中秋节的玩具。

6.玩花灯。中秋节是我国三大灯节之一,只是,中秋没有像元宵节那样的大型灯会,玩灯主要是在家庭、儿童之间进行的。灯的样式通常也是孩子喜爱的,如蛋壳灯、刨花灯、柚子灯、橘子灯等。

(四)歌声悠悠唱童谣

家长或老师带着孩子一起听歌曲《爷爷为我打月饼》,感受中秋节时,一家人相亲相爱的情景。

爷爷为我打月饼

第九章 "不学礼，无以立"——礼貌童谣

　　礼貌是一个人的思想道德水平、文化修养、交际能力的外在表现，是人类为维系社会正常生活而共同遵守的最起码的道德规范，人们在长期共同生活和相互交往中逐渐形成，并以风俗、习惯和传统等方式固定下来。习近平总书记曾在会见第一届全国文明家庭代表时强调"尊老爱幼、妻贤夫安，母慈子孝、兄友弟恭，耕读传家、勤俭持家，知书达礼、遵纪守法，家和万事兴等中华民族传统美德，铭刻在中国人的心灵中，融入中国人的血脉中，是支撑中华民族生生不息、薪火相传的重要精神力量，是家庭文明建设的宝贵精神财富"。由此可见，传统礼仪文化承载了整个中华民族历史过程的智慧结晶，是华夏子民源源不断的精神粮食，是儿童从小就需要学习和实践的文化精髓，如何使儿童愿意、喜欢并主动学习传统礼仪文化，礼貌童谣不失为一种适宜的媒介。

　　礼貌童谣的语言具有简洁明快、节奏感强、朗朗上口且韵味十足的特点，把文明融入其中，幼儿很容易接受和理解文明有礼的概念。同时可为幼儿创设自由、宽松的语言交流环境，让礼貌童谣消除幼儿开口难的问题，在平时的日常生活中一点一滴地渗透中，让幼儿的小嘴甜起来。礼貌童谣从现实生活出发，为儿童提供了知理、明礼的途径，也符合儿童的年龄特点。所以通过礼貌童谣积极与儿童进行互动，让儿童在模仿的过程中，潜移默化地掌握文明礼貌行为，是一种符合儿童发展特点和学习规律的良好方式，也是传承中华民族优秀礼仪文化的有效途径。

第一节 礼仪之邦 文明塑造

一、以"礼"养"习",抓住儿童成长的关键期

"不学礼,无以立。""人无礼而不生,事无礼而不成。""国无礼则不宁。"这些名句无不彰显着礼仪的塑造对个体自身、社会乃至国家的重要性。文明礼貌是社会主义道德的基础,是培养孩子高尚道德品质和理想情操的起点。俗话说:"少成若天性,习惯成自然。"儿童期的行为习惯培养尤为突出和重要,这时候的孩子正处于一生中的敏感期,他们通过在社会中模仿好的、正确的礼貌用语及行为形成初步的礼貌意识。由此可见,儿童期不仅是儿童智力开发的重要阶段,更是塑造良好文明礼貌、行为习惯的关键时期。在这个阶段进行文明礼貌习惯的培养,将会事半功倍。

我们总是会听到"宝宝,喊人啊!""宝宝,快点谢谢阿姨!"这样的声音,许多家长们都有类似的烦恼,自己的宝宝太"腼腆",每次见到熟人要引导很久才能说出"你好"或者"再见"。家长们也很疑惑为什么自家孩子不喜欢打招呼。要让宝宝在轻松有趣的氛围里明白礼貌用语到底如何使用,礼貌童谣是一种很好的学习途径。礼貌童谣中的内容体现的正是教孩子从小做一个讲文明、守规则的人,具有可持续发展的理念,而这种理念也正是整个社会发展对未来人才的要求。礼貌童谣可以引导儿童愿意在熟悉的人面前说话,能大方地与人打招呼;能在成人的提示下使用恰当的礼貌用语。儿童学习礼貌用语不仅是语言习得,还是礼仪学习,在儿童的成长中十分重要。成人以童谣的形式将正确的礼仪规范潜移默化地传递给儿童,帮助儿童从小养成讲文明懂礼貌的好习惯,促进其健康发展。

二、以"礼"促"学",浸润优秀传统礼仪文化精神

儿童的成长不仅包括在当下与周围人交往和与事物互动中实现的,还包括在古今的优秀历史传统文化的浸润之中实现的。华夏大地,礼仪之邦,是几千年源远流长的千古传承。如我们在家庭环境中为儿童创造的礼教环境:抓周、成人礼的举办;学院中的礼教环境:童蒙礼、入学礼的开展等,这些都为儿童塑造了良好的礼仪学习空间,使儿童能够充分感受中华传统礼仪文化。

文明礼貌是中华民族的传统美德,渗透在生活的方方面面,文明习惯应该从小开始培养。每个人的一举一动都彰显着文明素养,充满着人文道德观。同时文明礼貌能展现出孩子的家庭修养,也是一种高情商的体现。拥有良好礼貌的孩子,不仅会有较好的人际关系,对于建立正确的人生观也有深远的影响。礼仪是做人不可缺少的必修课。美国心理学家威廉·詹姆斯说过:"播下一个理念,收获一种行动;播下一个行动,收获一种习惯;播

下一种习惯,收获一种性格;播下一种性格,收获一种命运。"这句话也说明了培养儿童良好行为习惯的重要性。比如部分儿童因家长过多呵护甚至溺爱,因此在与同伴、长辈等交往中,往往习惯于以自我为中心,缺乏分享、合作和谦让的精神,表现出一些自私、独占的行为,缺乏基本的交往能力和礼仪规范。礼貌教育的方式很多,但由于儿童年龄小,枯燥乏味的说教往往会使儿童厌倦。为此,我们可以给儿童讲《孔融让梨》的故事,结合礼貌童谣:"排排坐、吃果果,你一个,我一个,大的让给你,小的留给我,相互谦让朋友多。"让儿童明白谦让和分享的道理,同时渗透优秀传统文化。童谣是儿童"心灵的游戏",是儿童喜欢的一种语言表达方式,有着自身优越的特质:语言简洁明快,节奏感强,朗朗上口,易于传唱,富于趣味性。通过童谣的形式,培养儿童的交往能力和礼仪规范,能使儿童易于理解、掌握并达到行为上的认同。把良好的生活礼仪、优秀的传统文化融于短小精练的童谣中,能让儿童在学学、念念、做做的过程中养成良好的习惯。[①]

三、以"礼"塑"情",生成儿童的意义世界

《中国儿童发展纲要(2021—2030年)》提到:以提高儿童综合素质为导向的教育评价体系更加完善;加强校园文化建设,营造友善、平等、相互尊重的师生关系和同学关系。儿童时期的文明习惯的培养为儿童以后进入小学、中学乃至人生的整个阶段都有重要意义。如礼貌童谣:"好儿童,志气高,讲文明,懂礼貌,团结友爱好苗苗,果皮纸屑不乱抛。"通过传唱童谣,使儿童明白"好"儿童的基本素养,向儿童渗透"好"的儿童和"优秀"的儿童的评价标准,从而激发儿童学习好的行为习惯,渗透积极的情绪情感,塑造良好的个性品质。

礼貌童谣除了具有学习的本质功能之外,本身也是一种艺术文化的体现。儿童良好的审美情操需从小培养,儿童对童谣及诗歌的念诵多数都是"情"起而发,将儿童生命开源之"情"作为引导的起点,以情立教,以情立学,通过礼貌童谣,让儿童对童谣中"情"的感受和兴发上升到悟得"理"的意义。简单来说,儿童在学习童谣的过程中,我们不能仅仅只强调儿童"学"什么,还需要让儿童自己去感受、感知、感悟礼貌童谣中富有节奏和韵律的歌谣内容,在体悟文明礼仪、优秀文化等艺术美的基础上,懂得"讲文明、懂礼貌"的内涵,从而形成真正属于自己的意义世界。

---

① 左芝梅.唱响汶幼童谣 培养礼仪品质[J].启迪与智慧(教育),2014(6):16.

第二节　句句童谣展礼仪　声声童谣育孩童

一、《有礼貌》

（一）童谣细细读

有礼貌①

小朋友，有礼貌，见到人，问声好。
分别时候说再见，还把小手摇一摇。
人人夸他好宝宝，小小年纪懂礼貌。

（二）童谣唱一唱

在安静的环境下，家长或老师播放儿歌《好宝宝有礼貌》，让幼儿欣赏歌曲，熟悉歌词和节奏，之后可引导幼儿按照儿歌的节拍做拍手、拍腿的动作，在拍打节奏中加深印象。

（三）童谣演一演

家长或老师可以创设多种情景，如"接打电话"，让幼儿进行表演，引导幼儿讨论"怎样接打电话"才是礼貌的。或者让幼儿自由分组，扮演老师或者长辈等角色，并分角色模拟问好、说再见的情境，在表演中掌握文明礼貌用语。

二、《甜嘴巴》

（一）童谣细细读

甜嘴巴②

小娃娃，甜嘴巴，
喊妈妈喊爸爸，
喊得奶奶笑掉牙。

中国传统文化中的亲子之爱、天伦之乐，在幼小孩童甜甜的嘴巴中融化。宝宝会叫妈妈了！宝宝会叫爸爸了！宝宝会叫奶奶了！虽然从孩子出生之时起，家中的每位成员就获得了一个新的家庭身份，但是从孩子口中得到确认似乎有一种不同寻常的意义。新的家庭身份使每个人的人生迈向了新的阶段。新的阶段将会使我们的生命更加完整。

---

① 王玲.童谣三百首[M].合肥:安徽少年儿童出版社,2015:171.
② 陈俊红.礼貌童谣[M].石家庄:河北美术出版社,2019:7.

（二）童谣趣味玩

家长或者老师先可以让幼儿通过描"爸爸、妈妈、奶奶、娃娃"等汉字，让幼儿了解这些汉字"描"的顺序，然后可以准备"爸爸、妈妈、奶奶、娃娃"等图片和汉字，让幼儿进行图文配对游戏，启发幼儿为汉字卡片找出图片朋友。

（三）小小妙笔画一画

（插画来自重庆幼儿师范高等专科学校2022级学生　成美琳）

幼儿能够使用马克笔、蜡笔等，用简单的方法画出爸爸、妈妈、奶奶等的基本外形和主要特征，并能大胆进行涂色。

三、《我给爷爷捶捶背》

（一）童谣细细读

我给爷爷捶捶背[①]

小拳头，轻轻捶，不怕辛苦不怕累。

爷爷腰背真舒服，夸我是个好宝贝。

（二）童谣唱一唱

家长或老师可以先让幼儿欣赏音乐《我给爷爷捶捶背》，并通过提问，让幼儿回忆歌词里的内容，然后带领幼儿一起唱儿歌，最后引导幼儿按音乐的节拍有节奏地朗诵歌词并表演捶背敲腿的动作，或者引导幼儿与同伴合作，互相轮流按音乐节拍捶背敲腿。

给爷爷奶奶捶捶背、敲敲腿

[①] 王玲.童谣三百首[M].合肥：安徽少年儿童出版社，2015：192.

（三）小小妙笔画一画

（插画来自重庆幼儿师范高等专科学校2022级学生　张力郡）

幼儿根据童谣的内容进行绘画，或者对已经有的图画内容进行涂色和丰富。

（四）童谣演一演

在家时，幼儿可边唱童谣，边给爷爷奶奶捶背。如果在幼儿园，那么可以让幼儿自由选择同伴，一个扮演爷爷或奶奶，一个扮演宝宝，宝宝随着音乐给爷爷奶奶捶捶背敲敲腿，结束后可互换角色再玩一次。

四、《让座》

（一）童谣细细读

让座[1]

公共汽车嘟嘟嘟，爷爷上车站不住。

小哥哥，来让座，大家夸他好小伙。

尊老爱幼是中国的传统美德，我们要弘扬这优良的传统，为新中国的精神文明建设贡献自己的一份力量。

（二）故事慢慢听

乐乐在公共汽车站上了车，公共汽车里有好多人呀，这时一位阿姨喊："小朋友来阿姨这里坐吧！"乐乐说："谢谢阿姨！"并开心地坐下了。滴滴——汽车开了，滴滴——汽车开到了半路的车站，一位老爷爷上来了。啊！坐哪里呢？座位全坐满啦。汽车要开动了，感觉老爷爷快站不住了，这时乐乐大声地说："爷爷，来我这儿坐。"老爷爷说："啊，谢谢你小朋友们，你可真是一个好孩子。"车上的乘客看着乐乐让座，都笑着夸奖乐乐，对乐乐竖起

---

[1] 王玲.童谣三百首[M].合肥：安徽少年儿童出版社，2015：206.

了大拇指。

想一想：为什么阿姨给可可让座，可可又主动给老爷爷让座？你喜欢故事中的主人公吗？为什么？

(三)小小妙笔画一画

(插画来自重庆幼儿师范高等专科学校2022级学生　成美琳)

幼儿根据童谣的内容进行绘画，或者对已经有的图画内容进行涂色和丰富。

(四)童谣演一演

情景演绎：幼儿分别扮演小羊、小狗、小猴、小猪和小蚂蚁，演绎公交车上的故事或者幼儿扮演司机、老爷爷、老奶奶、抱娃娃的妈妈，大胆演绎在公交车上的故事，让幼儿在扮演角色中学会尊老爱幼。

知识小链接

五、《走路静悄悄》

(一)童谣细细读

走路静悄悄[①]

快来学小猫，走路静悄悄。
爷爷最怕吵，奶奶最怕闹。
要是吓出病，那可怎么好？
不跑也不跳，二老开口笑。

(二)童谣唱一唱

让幼儿先听歌曲《走路》，再提问：小兔、小鸭、小乌龟、小花猫等小动

走路

[①] 陈俊红.礼貌童谣[M].石家庄：河北美术出版社，2019：6.

物走路是什么样子的,为什么小花猫走路没有声音?(怕老鼠听到后逃跑、小猫脚上有肉垫)并让幼儿模仿各种小动物走路的动作。

(三)童谣演一演

创设情境,让幼儿分角色扮演,扮演睡午觉的爸爸、看书的爷爷等,那我们应该学习哪一个小动物走路,才不会打扰到他们呢?

第十章 "反"着的世界——颠倒童谣

民间文学是一个民族口耳相传集体创作的语言艺术,主要反映了该民族人民生活、思想、感情、历史、科学、宗教、人生知识等诸多方面的内容,同时也是他们的审美观念和艺术情趣的重要表现形式。[1]童谣是长期流传于民间的一种用韵律创作、无音乐相伴的口头儿歌,具有经久不衰的生命力。童谣作为民间艺术,为了便于传唱,在创作时就必须注意使其文本具有美感,而使用修辞手法便是不可或缺的创作手段,颠倒就是其中的一类修辞手法。颠倒童谣属于童谣的一种,是站在"儿童本位"角度产生的童谣形式,其创作风格类似于打油诗,但是内容更为奇特幽默、浪漫怪异,语言更为新奇有趣、曲折生姿,节奏轻快、题材丰富,语言风趣自然,以其诙谐幽默的特点深受儿童喜爱,是一种凝聚艺术与智慧的民间文学体裁。颠倒童谣利用汉语言(包括方言)的独特性,采用多种艺术手法,使语言倒反错乱,曲折反常;和谐流畅,朗朗上口,既便于儿童吟唱,又富有乡土气息。其特点是采用"故错"的手法,故意将动作的对象、事物的特点说反,体式偏离规范,不能用一般的逻辑思维去解释,却独具魅力。

尊重儿童的童年生活是颠倒童谣的创作基础,利用颠倒童谣的趣味怪诞,在童谣中顺应儿童活泼、好动、好奇、天真的心理特质,还给儿童真实美好的童年,让儿童在唱诵和游戏中释放天性、获得发展。颠倒童谣作为儿童文学与民间文学的重要内容之一,之所以普遍受到儿童的喜爱,就是因为这种错乱、语义异常的表现方式能够激发其好奇心和探索欲,不需要太精深的知识储备,只需要简单浅显的生活常识就能找到颠倒童谣中存在的秘密。儿童在念诵童谣时可感受颠倒歌的诙谐有趣,促进思维、想象力与语言的发展,同时还能传递民间传统文化,形成正统、积极的文化价值观。

---

[1] 刘守华,陈建宪.民间文学教程[M].武汉:华中师范大学出版社,2002:1.

第一节　不受约束的童心

一、属于儿童的艺术

儿童的世界是一个极其浪漫的世界，他们在这个世界里自由自在、不受成人世界的是非好坏等约束，他们拥有着天然而独特，且最为纯真、稚嫩的本心。学前期是儿童言语发展和心理发展的关键期，这一时期的儿童洁白无瑕，充满着好奇与想象，如童谣："我做了一个六个角的五角星。那里有好多好多绿色的小红旗。"其中，"六个角"和"五角星"，"绿色"和"小红旗"内容颠倒，颇具想象与趣味。颠倒童谣语词颠倒、思维跳跃，这是一种专属于儿童世界的童谣。

二、寻找最为本质的意义

儿童总是在不断探索周边的各种事物，以自己的方式去看待事物之间的联系，充满创意和自由。儿童在颠倒童谣中看到不一样的世界，在儿童的思维中，存在即合理。比如："啃牛奶，喝面包，滴溜个火车上皮包，上了书包自个走，看见姐姐头梳手。"[1]看似"荒诞"的逻辑，却以"随机组合"的方式满足了儿童的想象，而这种错位、变换的形式正好符合儿童喜爱逗趣、夸张的年龄特点，且能在儿童的眼中创造出另外一种出乎意料的乐趣，这是十分快乐和美妙的事情。由此可见，颠倒童谣这种戏谑、逗乐的体式，是儿童心灵释放的有效载体，也是儿童天真质朴的本能反应。哪怕是"毫无规则"的内容，儿童也能在其中找到最本质的意义。

三、语词的表达、思维的碰撞

颠倒童谣有着自己独特的功能，看似"故错"的手法却暗藏诙谐、幽默的玄机。其内容来源于儿童熟悉的生活世界，但通过语义、语词的错位和变换，以偏离规则的形式组成另一种意象，好像熟悉却又好像不熟悉，呈现出独特的审美情趣。在语词和句式的背后又暗藏着逻辑意义，让儿童在念诵时感受、思考与想象童谣中的场景，这种另类的修饰手法常常促进了儿童思维的碰撞、智慧的启迪。如："唱倒歌，倒唱歌，鸽子进了燕子窝，鸡蛋碰破石头角，老鼠咬了猫子脚。"[2]这首颠倒童谣，通过另类的语词表现手法，引导儿童在感受欢声笑语的同时，去辨别事物的真相：鸽子不会进燕子窝，鸡蛋不能碰破石头，老鼠也不会咬猫。在童谣中加深儿童对事物的认识，激发儿童的思维活力，促进儿童的想象与创造能力。在颠倒童谣的诵读中，可以通过多角度问题的提出，不断激发儿童探索与求知的兴

---

[1] 周一农."颠倒"格里看童心[J].修辞学习,2004(1):54.
[2] 周一农."颠倒"格里看童心[J].修辞学习,2004(1):54.

趣,帮助儿童梳理与分析,寻找正确答案,培养儿童分析与逻辑思维能力,也可让儿童自己编读与创新童谣内容,培养儿童对事物的批判性思维能力。

第二节　识童谣 辨真理

颠倒歌"故意颠倒""明知故犯",表达无理却巧妙,富有谐趣。颠倒歌形式和内容达到了完美的结合和高度的艺术统一,取得了新奇独特的审美效果,具有儿童文学的诸多美学特质,如纯真、稚拙、新奇、有趣。如:"石榴树,结樱桃;杨柳树,结辣椒;吹的鼓,打的号,抬的大车拉的轿;木头沉了底,石头水上漂;小鸡叼了个老鹰,老鼠捉了个大咪猫。你说好笑不好笑。"很显然,颠倒歌的美学特质是通过它从里到外的"故错"和"倒反"来实现的。倒反作为一种修辞方法(颠倒歌中还有夸张、拟人、对偶等修辞手法的巧妙运用),能使言辞的表面意义和作者的内心真意相反,从而产生特殊的文学艺术之美感。颠倒歌可以说是倒反修辞手法的集中运用和因倒反而产生美的典型。

颠倒歌这种从外到内、从说到听都充满了颠倒的童谣,往往能达到正面灌输和空洞说教所不能达到的奇妙效果。颠倒歌这种儿童自我表现、自我娱乐、自我教育的民俗文化载体,能使儿童健康成长、快乐生活、终身受益。颠倒歌能够充分发挥娱乐、认知、教化的民俗功能,成为民间教诲儿歌很重要且很有特色的组成部分。

一、《颠倒歌》

(一)童谣细细读

颠倒歌[①]

喝牛奶、吃面包,
夹着火车上皮包,
东西路,南北走,
看见一个人咬狗,
拿起狗,打砖头,
又怕砖头咬着手。

[①] 胡志远,张舒.童谣游戏1[M].上海:复旦大学出版社.2016:157.

（二）趣味游戏玩一玩

人数：2人

游戏目的：

1. 增强幼儿的语言节奏感。

2. 培养幼儿动作的协调性与灵敏性。

3. 感受颠倒歌的诙谐有趣。

游戏玩法：

1. 两人面对面坐或站立，左右手相互交错叠放在一起。

2. 两人边唱童谣边轮流抽出最下面的手，然后搭在最上面，按童谣节奏重复进行。

3. 唱至童谣最后一个字时，去抢拿塑料小锤子和布垫子。

4. 拿到垫子的幼儿将垫子放在头上，拿到小锤子的幼儿轻捶同伴头上的垫子。

5. 第一轮结束后可重复进行。

（三）小小妙笔画一画

这里有一辆漂亮的小火车，请小朋友给它画上好看的衣服吧！

坐火车

（插画来自重庆幼儿师范高等专科学校2022级学生　马琴）

（四）载歌载舞跳一跳

孩子在老师或家长的带领下，一边唱《坐火车》，一边舞蹈。

舞蹈道具：小板凳。

舞蹈准备：手拿小板凳站立。

知识小链接

舞蹈动作一：手拿小板凳跑成一个大横排，并将板凳放下，坐在板凳上。

舞蹈动作二：双手拍手、拍肩、拍膝盖。（此处引导孩子发挥想象力，模仿乘坐火车时的

各种状态)

舞蹈动作三:双手握拳,手臂交叠,交替滚动,模仿开火车的动作。

舞蹈动作四:双脚站立,绕着小板凳转圈。

舞蹈动作五:双手拿着小板凳跑步离开。

二、湘西土家族童谣——《扯白歌》

扯白歌[①]

甲:清早出门吹羊角,听我唱首扯白歌,
　　扯白歌,白话多,风吹岩头滚上坡。

乙:西边日头东边落,我也唱首扯白歌,
　　万里青山鱼屙蛋,急水浪头鸟起窠。

甲:鱼搬水獭羊咬虎,鸬鹚上坡鸡下河,
　　铁树开花岩结籽,鸡生牙齿马长角。

乙:蛤蟆和蛇打亲家,狼叫狗娘做家婆,
　　雁飞云中叫脚酸,鱼游池内喊口渴。

甲:牛栏里面关蚊子,硬是挤得莫奈何,
　　画眉笼中关马匹,横来顺去没挨着。

乙:初生牛儿耙大田,解下耙藤犁凹坨,
　　两个和尚来打架,头发扯得像鸡窝。

甲:扯白歌,扯白歌,唱得心里几快活,
　　不信你看张果老,一口牙齿笑打落。

(二)窥见童谣小秘密

《扯白歌》是一首流传于湘西保靖县土家族民间的对歌体,湘西土家族称"扯谎"为"扯白",称"颠倒歌"为"扯白歌"。有意思的是,湘西土家族不仅小孩唱《扯白歌》,大人对歌时也唱《扯白歌》。根据民族学家、历史学家和考古学家的研究,古代的巴人即今土家族的先祖,现代的土家族即古代巴人的后裔。屈原创作的《九歌》很有可能就受过沅湘流域颠倒歌的影响。战国时屈原在沅湘流域所见到的"歌舞之乐",很可能就有《扯白歌》这类令人捧腹的诙谐曲。

在这首颠倒童谣中,处处充满滑稽和可笑,如本是东升西落的太阳,在这里变为"西边日头东边落";动物界中的自然规律为水獭吃鱼、虎捕羊,鸬鹚在水中嬉戏,鸡善于上坡行

---

① 吴广平.《九歌》"二湘"倒反辞与湖湘民间颠倒歌[J].云梦学刊,2000(2):3.

走,这里却换为"鱼搬水獭羊咬虎,鸬鹚上坡鸡下河"。鸡有牙齿吗?马会长角吗?很明显"鸡生牙齿马长角"不符合动物的生长发展规律;蛇吃蛤蟆,如何成为亲家?大雁使用脚飞行吗?鱼在池中游时会口渴吗?这些生动的动物形象带给儿童不一样的乐趣;再如鸟笼中关马匹、初生牛犊耕田、和尚打架扯头发,这些滑稽错乱的语词让儿童在颠倒的世界里自由自在地寻求奥秘。

(三)小小妙笔画一画

请小朋友们模仿着画一画鸬鹚的动物形象,并给动物朋友鸬鹚画上好看的衣服吧!

(插画来自重庆幼儿师范高等专科学校2022级学生　马琴)

(四)歌声悠悠唱童谣

老师或家长带着孩子聆听《颠倒歌》,并轻声跟着哼唱。

三、颠倒童谣《稀奇歌》

(一)童谣细细读

稀奇歌[①]

稀奇稀奇真稀奇,蚂蚁踩死大公鸡,
鱼儿走在马路上,汽车飞在天空中,
老鼠爬树捉小猫,狐狸背着大象跑,
娃娃唱着摇篮曲,奶奶睡在摇篮里。

(二)趣味游戏玩一玩

人数:5人

游戏目标:锻炼幼儿认真倾听并快速做出反应的能力,体验与同伴合作的乐趣。

[①] 胡志远,张舒.童谣游戏1[M].上海:复旦大学出版社.2016:159.

游戏玩法:幼儿五人一组围圈站立。

玩法一:

1.稀奇(双手自拍)稀奇(与左右伙伴对拍)真(双手自拍)稀奇(与左右伙伴对拍)。
2.蚂蚁(双手自拍)踩死(与左右伙伴对拍)大(双手自拍)公鸡(与左右伙伴对拍)。
3.鱼儿(双手自拍)走在(与左右伙伴对拍)马(双手自拍)路上(与左右伙伴对拍)。
4.汽车(双手自拍)飞在(与左右伙伴对拍)天(双手自拍)空中(与左右伙伴对拍)。
5.老鼠(双手自拍)爬树(与左右伙伴对拍)捉(双手自拍)小猫(与左右伙伴对拍)。
6.狐狸(双手自拍)背着(与左右伙伴对拍)大(双手自拍)象跑(与左右伙伴对拍)。
7.娃娃(双手自拍)唱着(与左右伙伴对拍)摇(双手自拍)篮曲(与左右伙伴对拍)。
8.奶奶(双手自拍)睡在(与左右伙伴对拍)摇(双手自拍)篮里(与左右伙伴对拍)。

玩法二:动作同上,全体幼儿做动作,由一名幼儿先说第一句,说到最后一个字时随机指一位幼儿,被指的幼儿接着说,依次类推。接不出者或反应慢者自动退出,其他幼儿继续游戏,最后剩两名幼儿为胜利者。

(三)小小妙笔画一画

小朋友们,汽车会飞吗?请小朋友们欣赏一下这幅画作,并画出自己心目中"会飞的汽车"吧!

(插画来自重庆幼儿师范高等专科学校2022级学生 马琴)

(四)载歌载舞跳一跳

幼儿在老师或家长的带领下,一边唱《小猫捉老鼠》,一边舞蹈。

舞蹈角色:小猫、小老鼠。

舞蹈准备:小猫睡在地上,小老鼠蹲在地上。

小猫捉老鼠

1.一只小老鼠,瞪着小眼珠,龇着两只小牙,长着八字胡。

舞蹈动作:孩子模仿小老鼠,双手手掌微微弯曲,走路小心翼翼,呲着牙,摸摸胡子。(此处家长或老师引导孩子根据自己对老鼠的了解充分发挥想象力,用面部表情和舞蹈动作表现出小老鼠的形象)

2.一只小花猫,喵喵喵喵。

舞蹈动作:老师或家长模仿小花猫,手指张开做出摸胡子的动作,并发出"喵喵喵喵"的叫声。

3.吓得老鼠赶快往回跑。

舞蹈动作:小猫和小老鼠,充分发挥想象力,以生动形象的表情和舞蹈动作展现出猫捉老鼠的场景。(此段为自主发挥)

四、颠倒童谣《小槐树》

(一)童谣细细读

小槐树[①]

小槐树,结樱桃,杨柳树上结辣椒。

吹着鼓,打着号,抬着大车拉着轿。

苍蝇踩死驴,蚂蚁踩塌桥。

木头沉了底,石头水上漂。

小鸡叼个恶老鹰,老鼠拉个大狸猫。

你说好笑不好笑?

(二)趣味游戏玩一玩

游戏目的:

1.锻炼幼儿按童谣指令做游戏的能力。

2.锻炼幼儿动作的灵敏性及协调性。

3.使幼儿感受多人游戏的乐趣。

游戏玩法:

1.幼儿围圈站好,边说童谣边拍手,同时围圈跑。

2.当唱完童谣时,老师或家长说出一个数字,幼儿就按照老师或家长说出的数字抱在一起。如:老师说2棵小槐树,那小朋友就两两抱在一起,多余的小朋友淘汰,进行下一轮游戏。

[①]周一农."颠倒"格里看童心[J].修辞学习,2004(1):53.

(三)小小妙笔画一画

小槐树的叶子长出来啦,小槐树需要小朋友们为它的叶子增添美丽的色彩!

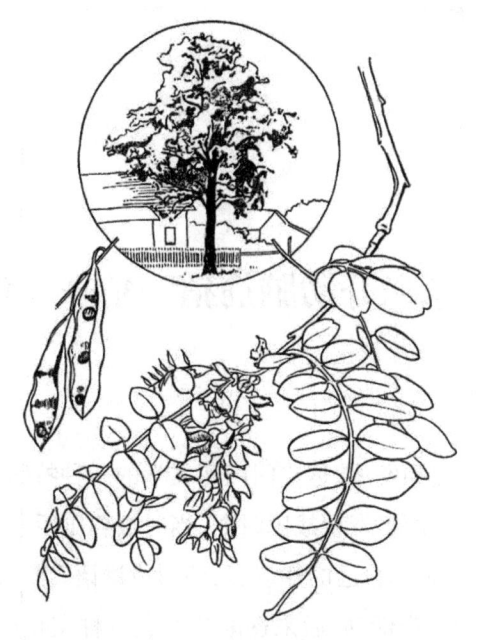

(插画来自重庆幼儿师范高等专科学校2022级学生 马琴)

(四)歌声悠悠唱童谣

老师带领幼儿一起欣赏、演唱歌曲《老槐树》。

第十一章　开动脑筋猜一猜——谜语歌

谜语历经数千年的演变和发展,是我国民间文学的一种特殊形式,是中国古代劳动人民集体智慧的结晶。谜语起源于春秋战国时期,当时被各国臣子用于以隐射的方式暗示、比喻某种事物,以此望君主采纳自己的建议,从而形成谜语。最开始流传的谜语通常以一种打趣的方式来反应社会生产活动,后来逐渐演变成一种文化产物。谜语在发展演变过程中形成了两类:一种是民间谜语(事物谜),通过比喻、夸张等表现手法来描述事物的特征,讲究文字押韵,便于在民众中流传,一种是灯谜(文义谜),广义的灯谜既指节日期间张挂于花灯之上让人猜的谜语,也包括其内容上由文人创作的谜语,狭义灯谜则专指文人创作的带有各种谜格的文字谜、诗词谜等。[1]谜语童谣通常归属于民间谜语,是儿童最感兴趣和乐于猜测的谜语类型,大多数来源于儿童生活中常见的"事"与"物",比如动物、植物、生活器具、用品、人体器官、自然现象等。如谜语童谣《手指》:"五个兄弟,住在一起,名字不同,高矮不齐。"从内容上看,浅显易懂;从结构上看,简单易记;从音律节奏上看,易唱易诵。在儿童的成长过程中,他们最早也最容易熟悉的就是自己的手指,因此他们也不难猜到谜底就是自己的一双小手了。所以这首谜语歌是比较贴近幼儿生活的,比较有趣,也不难猜。这种与其他动作类童谣有所不同,主要以大脑思考的方式猜测谜面,揭晓谜底。

简单来说,谜语童谣就是用猜谜语的方法,隐去事物的名称,通过歌谣的艺术形式,陈述出事物的巧妙性质、独特功能、惟妙形态、影像色调等特质作为谜面,供儿童思考猜测。[2]谜语歌类童谣采用寓意的手法,抓住谜底与谜面间的某种联系,以歌谣的形式揭示现象或事物的特征。这类歌谣通过形象的比喻性设问,并不回答,因而能满足孩子的好奇

---

[1] 高忠严.中国民间谜语的源流特征与文化价值[J].华中师范大学学报(人文社会科学版),2019,58(6):187.
[2] 尚华,张鲜光.社会功能视域下中国传统童谣的分类[J].北方文学,2017(3):87.

心。儿童听了谜面的描述,在头脑中就会出现平时通过观察所得到的有关事物的形象,从而激发孩子的联想能力,再经过分析与比较才能做出判断,说出谜底。如果成功猜到谜底,就会让孩子身心愉悦,获得成就感。孩子还会多次听赏、朗诵谜面,并把它说给其他人听,让其他人进行猜谜,这个过程又有利于孩子语言的发展,而猜谜的过程可以促进孩子的智力、思维、分析和推理能力的发展,增长孩子的见识。

第一节　你藏我猜　乐不思蜀

一、"藏"起来的答案

神经科学研究表明,儿童大脑发育与教育方式密切相关。猜谜是大人小孩都喜欢的一种娱乐活动,成人可选择以谜语童谣为互动方式,以游戏形式与儿童进行交流,展开智力测验。对于儿童来说,由于他们生活阅历、知识面以及思维等方面的限制,让他们猜的谜语都比较浅显有趣,且贴近他们的实际生活。谜语童谣在形式上讲究韵律节奏,多采用拟人、比喻等常见手法。所以易唱易记、浅显有趣是谜语歌不可缺少的一个特点。[①]儿童在谜语童谣中积极开动自己的小脑筋,发散思维,寻找童谣中"藏"起来的答案,感受猜测过程中思维跳跃和事物联系的魅力,这类童谣怎能不让儿童喜爱呢?

二、"猜"的魅力

谜语就其全篇线路来说,在性质上是一个巧喻,即"机巧以弄思,浅察以构辞",若过于晦涩难深,就难以揣摩;若过于明显,又不能启智,因此,要将巧妙的隐喻与概括的暗示相结合,想象力是极为超脱的。[②]谜语童谣的趣味之一就在于"猜",通过谜面巧妙的隐喻和概括的暗示,进行大胆联想。如果儿童缺乏相关的经验,对此不熟悉,就会感觉有点困难。但儿童对谜语的喜爱程度是很高的,他们经常和家人或者小伙伴们一起玩谜语卡片、猜谜游戏,不断猜想、推测,乐此不疲。对教育工作者来说,这也是寓教于乐的最好方式。幼儿年龄小,接触的事物少,知识经验还不够,但通过谜语,他们能了解到很多未知的有趣的事物,增长见识。

谜语童谣的魅力还在于能带给人一种"拨开云雾见天明"的感觉。谜语作为一种语言游戏,考虑了人的认知特点,有些谜语利用隐喻等修辞手法构思,也有部分谜语会根据汉

---

① 金波.连念七遍就聪明:绕口令 谜语歌[M].接力出版社出版,2012:33.
② 冷永良.例谈谜语中的修辞[J].语文月刊,2013(2):25.

字的笔画、音义和字形结构等创造字谜。一般来说,谜面中蕴含了多条线索,共同指向谜底,当条件吻合时,谜底便浮出水面了。谜语韵脚整齐、节奏感强、内涵丰富、表现形式多样,增显了谜语的魅力。

第二节　寻找童谣中的大秘密

一、《茄子》

(一)童谣细细读

紫色树,开紫花,
开完紫花结紫瓜,
紫瓜里面装芝麻。[①]
——打一蔬菜(答案:茄子)

(二)故事慢慢听

有一座美丽的村庄叫彩色村庄,里面住了很多很多的蔬菜宝宝们,有一天青蛙皮皮来给蔬菜宝宝们设计房子。他遇见了西红柿,西红柿说:"我要住红房子,这样能让我多结果子。"南瓜说:"我要住黄房子,这样我能让我长得又壮又大。"青菜要住绿房子,它说:"绿色光线能让我长得又嫩又绿。"茄子要住紫房子,它说:"紫色光线能让我多开花。"一座座房子盖好了,多美丽的彩色村庄啊!蔬菜们住在自己的房子里,美美地开花、结果!一天,长得水灵灵的蔬菜们,有的坐上汽车,有的坐上三轮车,从彩色村庄出发去城里,你知道它们要去做什么吗?

想一想:小朋友们,茄子要住什么颜色的房子?茄子要去哪里,你在哪些地方见过茄子呢?

[①] 龚勋.儿歌童谣谜语绕口令大全[M].长春:吉林出版集团有限责任公司,2015:113.

(三)小小妙笔画一画

(插画来自重庆幼儿师范高等专科学校2022级学生　谭星)

孩子通过观看茄子的图片,了解茄子的形状、颜色,还可以自己进行绘画。在生活中,成人还可以让孩子摸一摸茄子,感受其表面是光滑的还是粗糙的,给孩子讲述茄子生长的环境,让孩子爱上茄子。

二、《大蒜》

(一)童谣细细读

弟兄七八个,围着柱子坐,
只要一分开,衣服就扯破。[①]
——打一蔬菜(答案:大蒜)

(二)故事慢慢听

一天可可回家的时候,看见外婆拿出了一串大蒜,并把它瓣成了一瓣儿一瓣儿的,可可在一边好奇地问:"外婆,你把大蒜瓣成了一瓣儿的干嘛呢?外婆说:"当然是要准备种大蒜喽,可可看外婆是怎样种大蒜的吧。"可可蹲在外婆身边,仔细地看着。看着外婆把一瓣儿一瓣儿的大蒜分成了大的和小的。最后外婆用针线把大蒜串了起来,最后一圈儿一圈儿地放进了盆子里,这样就种好啦。可可和外婆一起把蒜瓣儿放在了窗台上。因为那里可以晒到太阳,暖和,大蒜能快点儿发芽,时间一天一天过去了,可可总是去看看小蒜瓣儿,偶尔还会在上面撒上几滴水,因为她记得外婆说过不能浇太多水啊,不然蒜瓣儿会烂掉的。

这一天,可可突然跑过来和外婆说:"外婆,外婆快来看啊。蒜瓣儿发芽啦。"外婆过来一看还真是。"嗯,好极了! 小芽很快就会长大的。"果然小芽蹭蹭蹭长得越来越高,哇,蒜

---

① 龚勋.儿歌童谣谜语绕口令大全[M].长春:吉林出版集团有限责任公司,2015:115.

苗长得好高啊！出差很久的爸爸终于回家了，妈妈准备了炒蒜苗，真好吃。可可对外婆说："外婆，要不然我们再多种几盆儿吧？"

想一想：小朋友们，你们还记得蒜苗是怎么种出来的吗？蒜苗可以怎么吃呢？

（三）小小妙笔画一画

（插画来自重庆幼儿师范高等专科学校2022级学生　陶婷婷）

通过看、摸、闻、剥等方法，让幼儿了解大蒜的形状，蒜瓣的形状、颜色，(看上去白白的、有点圆圆的、外面有白白的蒜皮，里面像橘子一样一瓣一瓣的)之后可以让幼儿自己进行绘画。

三、《向日葵》

（一）童谣细细读

身体长又长，开花黄又黄，
脸蛋儿像太阳，种子香又香。[1]
——打一植物（答案：向日葵）

（插画来自重庆幼儿师范高等专科学校2022级学生　石可馨）

---

[1] 龚勋.儿歌童谣谜语绕口令大全[M].长春：吉林出版集团有限责任公司，2015.135.

（二）故事慢慢听

一天早上，小花猫坐在门前看着天上的太阳公公，觉得太阳公公可真好，身上晒得暖洋洋的，我想要送太阳公公礼物，送什么呢？它去找小花狗。"花狗妹妹，你愿意把你的骨头送给太阳公公吗？"小花狗摇了摇头说："不行哟，我吃了骨头还要为主人看家呢！"小花猫又去找小白兔，小白兔叹了口气："我也不知道，我要在晚上陪月亮姐姐！"小花猫又去找小牛、小羊，可它们也不知道送什么。

怎么办呢？这时小蜜蜂说："小花猫你可以把向日葵送给太阳公公，向日葵长得又高又壮，太阳公公一定会喜欢的。"小花猫听了小蜜蜂的建议，把美丽的向日葵送给了太阳公公，向日葵每天都仰着头为太阳公公唱歌、跳舞，陪太阳公公聊天，太阳公公开心的收下了小花猫的礼物。

想一想：小朋友们，小花猫都请了哪些动物帮忙呢？最后送给太阳公公的礼物是什么呢？

（三）小小妙笔画一画

（插画来自重庆幼儿师范高等专科学校2022级学生　陶婷婷）

教师和家长可以引导幼儿欣赏凡·高的作品《向日葵》，感受作品中鲜明亮丽的色彩和极富特色的线条，让幼儿感受作品的美，之后可以让幼儿进行模仿绘画。

四、《蒲公英》

（一）童谣细细读

小小伞兵随风飞，飞到东来飞到西，
降落路边田野里，安家落户扎根基。[①]
——打一植物（答案：蒲公英）

[①] 龚勋.儿歌童谣谜语绕口令大全[M].长春：吉林出版集团有限责任公司，2015.69.

(二)故事慢慢听

在硕果累累的秋天,蒲公英妈妈放开了手,想让她的孩子们去看看外面的世界。看啊,一只只小伞随着凉爽的秋风飘起来了。飘啊飘,飘过一座又一座大山,她们看见了高高的大树,金黄色的树叶;飘啊飘,飘过一条又一条小河,她们看见了清澈的小河,听到了溪流和石头打招呼的声音;飘啊,飘过一片又一片的田野。她们看见了垂着头的麦穗,闻到了瓜果的清香。一只只小伞飘着,飘着,她们四处张望,探索外面的世界。

想一想:小朋友们,如果你变成了蒲公英,你想飞到哪里去呢?

(三)小小妙笔画一画

(插画来自重庆幼儿师范高等专科学校2022级学生　谭星)

教师和家长除了可以让幼儿使用画笔进行绘画以外,还可以让幼儿用吸管拓印的方法表现蒲公英的主要特征,或者用棉签点画的方法点画出蒲公英,使画面更加饱满。同时鼓励幼儿大胆创新,画出形态各异、满天飞舞的蒲公英作品。

第十二章 "智"以慧人：数数的奥秘

数学是古代劳动人民伟大智慧的结晶，其文化源远流长。中国数学的起源可追溯到远古时期。先秦时期《九章算术》的成书，标志着我国数学体系的正式形成。多本史书曾提到结绳记数和书契记数，如《周易·系辞下》记载，"上古结绳而治，后世圣人，易之以书契"。《易九家义》认为"事大，大结其绳，事小，小结其绳，结之多少，随物众寡"。从西安半坡遗址大量刻有数字符号的陶片出土中可以看出，我国古代已经有了比较完备的文字记数系统。在商代的甲骨文中，已经有了一、二、三、四、五、六、七、八、九、十、百、千、万等记数单字，可以记录十万以内的任何自然数了。而算筹的发明就是在以上记数方法的历史发展中逐渐产生的。

数学文化的传承和发展经历了很长的时间，从初具雏形到具备完善的记数系统，再到现代的多元数学文化，随着人类智慧与技术的发展，数学文化博大精深，值得我们不断探索。

第一节 在数数中感知世界的秘密

一、生活中的数学文化

数学与人类的生活密切相关，古人发明的记数方法都来源于生产实践和认知发展，可以说，数学元素蕴含在人类生活的各个地方。对于儿童来说，日常生活中接触的图形、数字、时间、空间等都是数学的重要内容，如何进行数学认知的启蒙教育呢？不妨找找儿童喜闻乐见的方式，数数童谣应运而生。

数数童谣是童谣的一种,是在民间口头文学的基础上发展起来的,是数学和文学巧妙结合的童谣,是数学文化传承的良好载体,是培养儿童对数的初步认识的童谣。数数童谣的内容与儿童的年龄特点有密切的关系,它形式灵活多样,生动活泼,符合儿童认知和理解水平。数数童谣是在儿歌中嵌入一些简单的数字、数序、数量词或简单的计算,将比较抽象枯燥的数字与具体鲜活的事物巧妙地结合起来,编织成有一定情节的童谣,使幼儿在轻松愉快的诵读中,掌握一些基本的数字,学会简单的数数,帮助儿童掌握数的概念,提升计算能力,对促进儿童思维的发展有着不可低估的作用。

二、在想象中认读数字

儿童的认数能力与其具体形象思维密切相关,儿童可以在唱诵数数童谣时通过想象去感知数字的形象,当儿童沉浸在童谣的律动中,跟随童谣的节奏,就会打开思维的大门。比如我们在学习数数歌《看月亮》:"初一看,一条线。初二三,眉毛弯……十五六,像玉盘。"[1]这首童谣把月亮与眉毛、小船、玉盘等具体事物联系起来,便于幼儿想象,同时事物与数字相联,帮助幼儿建立对数字的初步概念。数数童谣是将数字与儿童日常生活中常见的物体相结合,化抽象为具体,除了能用来进行知识教育外,还锻炼了儿童的形象思维,使儿童在已有认知经验的基础上认读数字。

数数童谣除了帮助儿童在想象中认读数字外,也进一步促进其想象能力和创造力的发展。在童谣的世界中,一幅幅生动的画面在儿童脑海中浮现:丰富多彩的游戏场景,有趣热闹的传统节日,活泼机灵的小动物们,等,让孩子们的思维不再受现实的束缚,而是走向更遥远的天空。尤其很多童谣的内容想象丰富,富有情趣,对于幼儿想象力以及创造力的培养具有非常重要的作用。这些数数童谣贴近儿童生活和自然,内容形象生动,易于被儿童理解。儿童在学习过程中,他们的思维力、创造力都会得到进一步提升。

三、唱数与计数的乐趣

每一首数数童谣都记载着孩子们的天真可爱,流淌着欢声笑语,洋溢着温情。数数童谣与儿童的生活经验密切相关,能够帮助儿童掌握简单的数序、数字、数量词,甚至简单的运算。

不同年龄段的数数歌选材有所不同,对于刚刚接触数字的2—3岁的儿童来说,较为适合《上山打老虎》(或称《五指歌》)这样的数数歌:"一二三四五,上山打老虎。老虎打不着,看到小松鼠。松鼠有几只?让我数一数。数来又数去,一二三四五。"[2]受日常生活熏

---

[1] 方霞.民间童谣在幼儿园游戏活动中的应用[J].教学研讨,2020(2):60.
[2] 陈俊红.数字童谣[M].石家庄:河北美术出版社,2019:2.

陶,2—3岁的儿童能进行数字的唱数,就是能用唱读的形式从1数到10。唱数是人类建立数概念的基础,虽然儿童能够进行唱数,但并没有建立起真正意义上的数概念,多数都像背儿歌似的,带有顺口溜的性质,还未形成每一个数词与实物间一一对应的联系,不理解数的实际意义。说得通俗一些,真正意义上的数概念即儿童知道1表示1个苹果、1辆汽车……2表示2个苹果、2辆汽车……而不单是对数字的唱数或指认。在唱数的基础上,3—4岁的儿童可以逐渐学会点数和感知数序,即用手指逐一指点物体,同时有顺序地说出数词,且说出的一个数词与手指点的一个物体一一对应,同时初步感知数字的正逆排序。成人可以结合儿童直觉行动和具体形象思维特点,帮助儿童学习5以内的基本计数和数序,有意识地引导儿童,尝试认识生活中的数序排列,比如和儿童一起发现和体会按一定顺序排列的队形整齐有序,人多时按先后顺序排队比较公平等,帮助儿童建立数的概念,初步感知生活中数学的有用性和趣味性。

四、数群的概念与能力

5岁前的儿童在按物点数的过程中常常会出现手口不一致的现象,5岁以上的儿童大多能说出10以内物体的总数。稍大一些的儿童能够在说出数量总数的基础上建立初步的数群概念,即知道10个苹果代表"一箱苹果"。在儿童学习按群计数时,可以通过数数童谣先建立初步的双数概念,如学说《数数几条腿》如:"小黑鸡,两条腿,大黄牛,四条腿,蜻蜓六条腿,螃蟹八条腿,蚯蚓、黄鳝几条腿?蚯蚓、黄鳝没有腿。"[1]这首数数歌就着重训练儿童的数数能力,同时还能有助于儿童认识各种不同的动物,感受数数歌的亲切和快乐。再如《数鸭子》:"门前大桥下、游过一群鸭,快来快来数一数,二四六七八。咕嘎咕嘎,真呀真多呀,数不清到底多少鸭,数不清到底多少鸭……"在锻炼儿童数数的过程中,还渗透了遵守规则、团结合作的精神。让儿童在吟诵儿歌、玩游戏的同时,明白在生活当中也需要排队,将物品有序地排列在一起才能数得更准确的生活经验,还可以渗透团结一家亲的道理,培养儿童良好的个性品质。

5—6岁的儿童,不仅应掌握数序的能力,还应具有简单的计算能力,成人应引导儿童感知和体会生活中用到的数,关注周围与其生活密切相关的数的信息,体会各种数所代表的含义,鼓励他们学习使用数的信息进行一些简单的推理计算。在数数的过程中可以进行按群计数,就是计数时不再依赖于一一点数的方式,而是以数群为单位,如两个两个地数,五个五个地数,等等。如四川传统儿歌《数蛤蟆》:"一只蛤蟆一张嘴,两只眼睛四条腿,扑通一声跳下水。两只蛤蟆两张嘴,四只眼睛八条腿,扑通、扑通,跳下水。"[2]加入了简单

---

[1] 罗琳.凉山地区师范生幼儿园教育活动设计《数数歌》[J].科学教育,2016(7):293.
[2] 陈俊红.数字童谣[M].河北美术出版社,2019:10.

的数群计算,使数数和运算融为一体,既加大了难度,又呈现出竞赛式的效果,在唱诵的过程中还能锻炼儿童目测数群和按群计数的能力,既让幼儿感受数学的有趣又有助于培养其计算能力。

五、在数数中体会情感

数数童谣节奏明快,内容简单,结构简单,富有韵律,有较强的音乐性,深受儿童喜爱。民间流传下来许多数数歌,如《乒乓、乒乓》:"乒乓乒乓,乒乓乒乓,乒乓乒乓四。咕噜咕噜锤,咕噜咕噜剪;咕噜咕噜一个,还剩三。"[1]其实并无多少思想内容,却能经受住时间的考验,为广大儿童所喜欢,主要原因就是它是通过韵律节奏的美感来吸引儿童,使他们在快乐轻松的吟诵中得到情感的愉悦。

让儿童学会数数不是数数歌的终极目标,激发儿童的审美兴趣和审美能力才是数数歌的本体功能。数数歌除了让儿童轻松愉悦外,也在儿童的精神深处保留了一份理解、一份尊重,使儿童身心得以释放。 如数数歌《山上一只虎》:"山上一只虎,林中一只鹿,路边一只猪,草里一只兔,还有一只鼠,数一数,一、二、三、四、五,虎、鹿、猪、兔、鼠。"[2]童谣朗朗上口,富有趣味,儿童在数动物的同时,还可以自己扮演动物,并根据自己的角色制作动物卡片或道具,还可以欣赏他人做的道具或卡片,在这个过程中,儿童感受到快乐、激动、自豪,当然也会有未成功的失落和不满,不管是何种情绪,儿童身心都能得到极大的满足。他们在属于自己的天地里发现、感受、探寻、创新,心情是愉悦快乐的,体验是充分和强烈的。数数童谣不断重复的节奏、悠扬的曲调、欢快的情绪为儿童的心田注入了一股清晰的气息,这也是民间童谣一直传唱,影响一代又一代儿童的生命力所在。童谣中蕴含的艺术价值、描绘的自然生活、表达的个人情感、赋予的人性品德都能提高幼儿对美的感知能力,丰富他们的审美经验。

第二节 边唱边数——乐趣盎然

数数童谣这种传唱于儿童之口的,没有乐谱与音节的,和谐简短、语言浅显易懂、节奏鲜明的童谣,是儿童容易接受、喜欢的文学样式之一。数数童谣是数学文化传承的载体,是童谣的重要内容之一,既来源于生活又高于生活,既有助于促进儿童数概念能力的发展,又有利于儿童认识周围事物,在生活中发现数学的广泛性,提高运用数学的能力,积累

---

[1] 胡志远,张舒.童谣游戏1[M].复旦大学出版社,2016:212.
[2] 胡志远,张舒.童谣游戏1[M].复旦大学出版社,2016:214.

生活经验,同时在念读童谣中体验情感与语言的魅力。

  数数童谣不仅以适合儿童审美心理的形象描写来巧妙地训练儿童的数数能力,同时,还可以渗透传统文化精神,将数数与童谣结合起来,贴近儿童的生活经验,让儿童在潜移默化中接受数学的熏陶,在大自然和社会文化生活中萌发对数学美的感受和体验,丰富其想象力和创造力,引导儿童学会用心灵去感受和发现数学美,并用自己的方式表现和创造数学美。每个儿童都是天真、活泼,喜爱唱诵歌谣的,当他们不自觉地念诵童谣时,其实已经在进行自由的表达和创造了。

一、森林舞会——《山上一只虎》

（一）童谣细细读

山上一只虎[①]

山上一只虎,林中一只鹿,

路边一只猪,草里一只兔,

还有一只鼠,数一数,

一、二、三、四、五,

虎、鹿、猪、兔、鼠。

（二）故事慢慢听

  山上有什么呢？有果树、青草、蘑菇、屋子……当然还有小动物们。这不,你看,迈着悠悠的步伐走过来的是谁？原来是我们的山中大王——老虎先生,它说:"今天,我在山中举办了森林舞会,让我看看都有谁来参加了？"这时,一只小鹿轻快地从林中跑过来,说:"老虎先生,老虎先生,我来参加您的森林舞会啦,如果我跳得最美,会有奖励吗？"只听旁边传来"哼哧哼哧"的声音,原来在石头路边有一只小猪正在啃苹果！小猪边吃边说:"当然会有奖励啦,肯定有很多好吃的果子！老虎先生……咳！咳！……"话还没说完,小猪就被自己吃的苹果噎住了,大家连忙拍拍小猪的背,给小猪递水喝,帮助小猪顺利吞下食物。小兔蹦蹦跳跳地从草丛里跑过来继续了刚才的话题:"不对,不对,我认为应该奖励我们好吃的胡萝卜！"这时,小老鼠拿着芝士和刚刚烤好的香肠,说道:"我觉得嘛,不管是什么奖励,只要是好吃的就行了！"老虎先生想了一会说道:"大家别担心,今天不管谁跳得最美,都会有奖励的！至于奖励是什么……保密！来来来,大家站在一起,让我来看一看,来了多少好朋友。"动物朋友们从左往右站成一排,老虎先生也站在了一起,数了数:一、二、三、四、五,原来是虎、鹿、猪、兔、鼠。

[①] 胡志远,张舒.童谣游戏1[M].复旦大学出版社,2016:214.

想一想:故事中出现了哪些小动物呢?(虎、鹿、猪、兔、鼠)谁先出来?(虎)然后又是谁出来了?(鹿)接着是谁?(猪)然后是谁?(兔)最后是?(鼠)一共有几只,请你数一数(5只)。小朋友们真棒!那通过这个故事我们明白了什么道理呢?(吃食物的时候不能说话哦,以防噎住喉咙或者卡住气管,发生危险)

(三)游戏趣味玩

游戏角色:虎、鹿、猪、兔、鼠。

多人游戏玩法:大家拉成一个大圆圈,按着节奏拍手,一起说童谣,家长或教师做"切"的动作,童谣最后一个字切到哪两个小朋友的中间,这两个小朋友就往相反方向绕圈奔跑,先回来的一个小朋友获胜,后回来的继续进行下一组游戏,继续切。(儿童在游戏的过程中,会因为快速反应、快速奔跑感到满足,但有时会出现两个幼儿会向同一方向奔跑的情况,家长或教师要强调规则,适时引导)

真正适合幼儿的游戏是需要成人组织的,在数数游戏中,有挑战,有合作,有竞争,这些因素都激励和满足了儿童的需要,让儿童很兴奋也很投入,通过游戏还可以培养儿童竞争意识,提升儿童的智力和思维能力。

(四)动物连连看

请小朋友们看一看右边这几张图片,哪些是老虎的身体结构?请用线条把它们连起来吧!

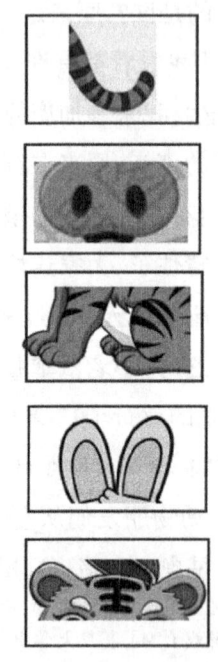

二、牛转新运——《六字歌》

（一）童谣细细读

六字歌[①]

一二三四五六，
妈妈上集买牛。
一个头，两个角，
三花脸，四只脚，
五花大肚皮，六月做活计。

（二）故事慢慢听

春节快到了，这一天妈妈从集市上带回来了很多过年的物品和食物。可是爸爸说："咱们家还有一样东西没买呢！过年少它可不行。"妈妈感到很疑惑，爸爸说："体形粗壮顶俩角，红布一挥哞哞叫。是什么呢？"妈妈恍然大悟："对了，是牛，我还没买牛呢！"妈妈赶紧去集市上买牛。这时，一头特别的牛吸引了妈妈的目光，卖牛的老板知道生意来了，赶紧介绍道："牛年买牛牛气旺！这头牛可有意思了，过年买它绝对开运！你看看，它有一个大大的头，两个花花角，三种花色的脸，四只不一样颜色的牛脚，哎哟，肚皮竟然有一朵大大的花，可美了，待到6月耕种的季节，还能帮你们做活呢！"妈妈一听，可开心了，把这头牛牵回了家，大家过了一个团圆幸福的年。

想一想：故事中的妈妈为什么要买牛呢？（因为春节到了，牛年来了）这头牛长什么样子呢？（一个头，两个角，三花脸，四只脚，五花大肚皮）这头牛还能帮助妈妈干什么呢？（六月做活计）

（插画来自重庆幼儿师范高等专科学校2022级学生　崔蜀慧）

[①] 金波.传统童谣[M].胡华出版社，2021：13.

三、地域文化——《长沙街名歌》

除了儿童喜欢的经典数数歌之外,还应传唱一些传统文化的数数童谣,因为传承民俗文化是弘扬与发展我国民族文化的重要一环。我国地域广阔,民俗文化浩如烟海,与人们的生活息息相关,传承民俗文化不仅能提升人们的民族自豪感与民族归属感,还能实现人们对民族文化的价值认同,这是新时代背景下的社会需求。

各地的数数歌所赋予的内涵和意义有所不同。如长沙的经典地域童谣"一走二三里,茶园四五家,楼台六七座,八九十品茶"在帮助儿童认识老长沙城区茶文化盛行的景象的同时,还可以帮助儿童认识数、理解数。湘西的民间数数童谣《三籽亏》:"三籽亏,亏三籽,三籽落,捡二着,二着落,检小籽,小籽落,得一着。"[1]保留了湘西民间童谣的地域特征,儿童在唱诵和游戏的同时,既能对数的概念有进一步的理解和掌握,还能传承当地的传统文化。在过去,没有电视机,唱戏看戏是人们过年过节主要的娱乐休闲方式之一,上面的歌谣就将数字和陕西人特别喜爱的传统折子戏的名称联系起来。通过传唱歌谣,儿童既识得数,又知道了很多传统剧目的名称。再如新疆民间数数童谣《跳绳歌》:"我们排成一排,我们排成两组,我们排成三组,拉斯玛啦吉秀,啦斯玛啦吉秀,拉斯玛啦喜阿楚。"儿童在玩跳绳游戏的同时,还接触到了新疆的少数民族语言文化,丰富了语言色彩。

(一)童谣细细读

长沙街名歌[2]

坡子街,转扎弯,一来来到三王街。
三兴街,三泰街,三三得九九如斋。

(二)知识慢慢听

长沙童谣是长沙地区的民间文学中的一部分,是长沙人民口口相传的短小文学体,以长沙方言为载体在民间传唱度较高,颇具地方代表性。同时,长沙童谣于2016年成功列入长沙市第五批市级非物质文化遗产保护项目。长沙童谣来源于长沙人民的生活,是方言童谣之一,湘方言的语言魅力使得童谣朗朗上口,颇具独特性。长沙童谣的传承也离不开儿童这个载体,儿童通过儿歌的方式接触长沙童谣,感受生活中的美,在唱诵的世界里大胆表现。

童谣《长沙街名歌》,以数数歌的形式描述了长沙的著名街道,如"坡子街、三王街、三

---

[1] 何珍.湘西民间童谣游戏在幼儿园中的开发和利用[D].湖南师范大学,2017:26.
[2] 邹文佳.长沙童谣在幼儿园音乐活动中的应用研究——以长沙市 A 幼儿园大班为例[D].湖南师范大学,2019:27.

兴街、三泰街、九如斋","扎"指"个","转扎弯"指"转个弯"。九如斋是长沙著名的食品店，创办于1915年，有着一百多年的辉煌历史，其中推出的月饼、中西糕点、路蜡制品和菌油等产品凭借着精良严谨的制作工序、上乘考究的选料质量，在市场上享有很高的知名度。这首童谣同时还蕴含着数学的简单运算规律"三三得九"，虽然儿童不一定能懂得"三三得九"的含义，但他们通过唱诵童谣的方式，在一定程度上为其进入小学后学习乘法规律奠定了一定的基础。通过传唱这首数数歌，儿童既能体验数数歌的韵律和快乐，又能感受长沙的传统文化，了解当地的地域特色。

（三）小小妙笔画一画

以涂涂画画的方式表现九如斋的特色食品——月饼，体验中秋佳节的团圆和浪漫之情。

（插画来自重庆幼儿师范高等专科学校2022级学生　崔蜀慧）

第十三章　生命的呵护——健康童谣

　　每个儿童都是需要被呵护的天使,他们的生命独一无二,他们的健康成长是促进其全面发展的基础和关键。《"健康中国2030"规划纲要》中明确提出了对儿童健康教育的要求与发展方向:"建立健全健康促进与教育体系,提高健康教育服务能力,从小抓起,普及健康科学知识。"[①]儿童的健康也是国家健康的基础和起点,习近平总书记提到:"影响健康因素当中,生物学因素占百分之十五、环境影响占百分之十七、行为和生活方式占百分之六十、医疗服务仅占百分之八。建设健康中国,既要靠医疗卫生服务的'小处方',更要靠社会整体联动的'大处方',树立大卫生、大健康的观念。"因此,帮助儿童从小树立健康意识,普及健康知识尤为重要,为儿童一生健康行为的良好塑造打下坚实基础。在新时代背景下,更要树立"大卫生、大健康的理念"。我们需要帮助孩子在生活中养成健康生活的方式,学会如何保护自己、关爱他人。

　　童谣是童年欢乐的歌,没有童谣就没有美好的童年。健康童谣是以儿童的健康成长与生命保护等为主要内容的童谣,围绕安全卫生、自我保护、生活适应、认识身体等内容创作的韵律优美、健康向上,风格质朴、感情真挚、易于传唱的童谣。健康童谣亲近自然、源于生活、贴近儿童,儿童在吟诵健康童谣时,可感受童谣内容与自己的生活息息相关,发挥丰富的想象力,在如糖果般甜蜜的童谣世界中,认识周围生活、体察内心情感、丰富健康经验、养成健康习惯,享受童真童趣。

[①] "健康中国2030"规划纲要:https://www.gov.cn/zhengce/2016-10/25/content_5124174.htm

第一节 童谣小载体,健康育其中

健康童谣通过"童谣"这个载体将健康知识、健康行为、健康态度蕴于其中,使儿童不用再追着爸爸妈妈寻求问题的答案,通过吟诵童谣的方式就能获得关于健康的知识、树立健康的态度、塑造健康的行为。

一、小小预防员

在儿童期,孩子的身体总是容易受到病毒的侵犯。儿童总是不由自主地会去思考,如为什么会打喷嚏?打喷嚏时应该怎么办?天气变化时应该怎样穿衣服?如何确定穿衣指数?如何让自己少生病?肚子疼是什么原因引起的?应该怎么办?等问题。虽然有父母的养育和照顾,但孩子总是需要自己在探索与实践中得到解决问题的答案。健康童谣是一个能够将预防小知识传递给孩子,帮助孩子获取真知的有效载体。

如健康童谣《打喷嚏》:"小小鼻子阵阵痒,快拿纸巾来遮挡,忽听'阿嚏'一声响,定是妈妈把我想。"让儿童能够明白打喷嚏时应该如何去做,其中还渗透了亲子之间关心、爱护的感情,对于儿童的心理健康也有积极作用。再如《小帽衫》:"柔软一件小帽衫,格子外套穿外边,天气热了及时脱,感觉冷了及时穿。"告诉儿童如何应对变化的天气及气温差异,帮助儿童学会健康预防和保护自己。

二、生活小能手

儿童的天性使他们总是对生活中的事物充满着好奇与探究欲望,而生活中的事物又常常与儿童的健康紧密联系。如"晒被子"这个话题就能引发儿童去探究,为什么要常晒被子?被子与"我"有什么关系?健康童谣《小花被》:"我有一个小花被,每天晚上陪我睡,过年我又长一岁,花被还是小花被,晒晒太阳风儿吹,花被没长却变肥。"[1]就能解决儿童的疑问通过传唱此童谣,儿童了解了晒被子的好处,明白了被子与自己的亲密关系。再如中医有哪些小常识?怎样吃才是健康的?童谣《老中医》提到:"中医学,美名传,若要小儿得平安,须受三分饥与寒。老爷爷,态安然。一把蔬菜一把豆,一个鸡蛋一点肉;鱼生火,肉生痰,萝卜白菜保平安。"[2]通过童谣,使儿童明白吃饭不能吃得过饱,肉、蛋、蔬菜都需要兼顾才能维持必需的营养,保持健康的身体。健康童谣帮助儿童了解生活中的小常识,使他们关注生活、热爱生活。

---

[1] 陈俊红.健康童谣[M].石家庄:河北美术出版社,2019:8.
[2] 陈俊红.健康童谣[M].石家庄:河北美术出版社,2019:9.

三、安全小卫士

"绿水青山就是金山银山。"环境保护永远是我们关注的重点话题之一。周围环境的清洁和保护与儿童的健康成长息息相关,培养儿童从小爱护环境、讲卫生的意识与习惯尤为重要。儿童需要了解卫生保护的知识,如健康童谣《不随地吐痰》:"小小一口痰,害人可不浅,飞沫四处散,细菌千千万,严把卫生关,人人来点赞。"[1]使儿童了解随地吐痰的危害,明白个人卫生对于公共环境的重要性。再如《全面消毒》:"消毒液,要稀释,擦完椅子擦桌子。紫外线,波段短,大战细菌上战场,小朋友,笑脸扬,教室走廊和操场,全面消毒真叫棒!"[2]促进儿童的环保意识,帮助儿童掌握卫生保健的方法。《爱护草地》:"草地长出绿头发,宝宝有双小脚丫,一片草地一幅画,谁也不能去踩踏。"[3]通过童谣内容引导儿童关注地球的生命动态,激发儿童爱护花草、保护环境的意识与情感。

儿童天真活泼、好奇的特性决定了儿童喜欢在童谣中探索周围世界,积累生活经验,小小博学家由此诞生!不管是健康预防小知识,还是厨房里的小秘密,不管是教室里的卫生防护,还是自然环境的关爱保护,全都呈现在了健康童谣中。这些小知识不但给儿童穿上了保护自身健康的铠甲,还引导儿童关注他人和环境,把自己获得的知识传递给身边的人,让大家都能树立健康意识、保护身体,同时关注自然环境,共同维护这个美丽的地球,也能为自己的健康生活营造安全绿色的环境。儿童在传唱健康童谣的时候,健康童谣就像一朵蒲公英,乘着一阵春风将健康平安的种子播撒在儿童心中,儿童也会感受自己的力量不可小觑。

第二节 生命与健康之声

著名教育家叶圣陶说:"教育就是培养习惯。"儿童时期是儿童养成良好生活习惯的关键时期,怎样才能促进儿童养成良好的卫生习惯呢?这是一个值得关注的话题。通过吟诵健康童谣,使儿童从小养成良好的生活作风,塑造良好的行为习惯和卫生习惯,不失为一种有效的德育形式。一首首快乐的童谣在孩子们的口中广为传唱,成为他们健康成长路上的金钥匙。

---

[1] 陈俊红.健康童谣[M].石家庄:河北美术出版社,2019:5.
[2] 陈俊红.健康童谣[M].石家庄:河北美术出版社,2019:17.
[3] 陈俊红.好习惯童谣[M].石家庄:河北美术出版社,2019:19.

一、健康童谣《刷牙》

(一)童谣细细读

刷牙[1]

小鳄鱼,真可怕,
牙齿一疼真尴尬,
无精打采阳光下。
牙签鸟,有办法,
拍打翅膀笑哈哈,
记得早晚要刷牙。

(插画来自重庆幼儿师范高等专科学校2022级学生 孙锐)

(二)故事慢慢听

小鳄鱼科洛奇是一位超级明星!当他一展歌喉的时候,丛林里的所有小动物都会闻声而来,听他的精彩演唱,而摄影师们也都排着队为他拍照。但是,科洛奇有个坏习惯,就是爱吃甜食,而且从不刷牙。每天早晨一起床,科洛奇就开始精心梳妆打扮。他通常会花好几个小时做发型,一边梳头发,一边欣赏镜子里的自己。可是,科洛奇忘记了一道重要工序——刷牙。说真的,对鳄鱼来说,刷牙可不简单。小科洛奇实在是不想在刷牙上耽误时间。但小鳄鱼科洛奇还没意识到每天都不刷牙的后果。

---

[1] 陈俊红.健康童谣[M].石家庄:河北美术出版社.2019:6.

科洛奇的"粉丝"们常常给他送来甜甜的糖果，还有巧克力、小甜点，这些都是科洛奇最爱吃的。"哇，真好吃！"科洛奇一下子就往嘴里塞了几块糖。"哇哦，真甜！"小鳄鱼满足地吃着糖。"哇哦，真甜！"小鳄鱼牙齿里的小蛀虫也高兴极了。

这天，当科洛奇为晚上的演唱会做准备的时候，突然腮帮子开始疼了。"一定是我今天一边泡澡一边唱歌的时候嘴张得太大了，所以才会疼。有办法啦！我在脸颊上贴个膏药，马上就会好的！"可是，这个办法一点效果也没有。科洛奇开始有些担心了。他决定去拜访丛林里最神奇的牙医。和蔼可亲的猴子牙医对着小鳄鱼说："张开嘴，科洛奇，让我看看你的牙齿，然后告诉你哪里出了问题！"但科洛奇很害怕牙医爷爷，就算他再和蔼可亲也消除不了小鳄鱼的恐惧，科洛奇怎么也不肯张开嘴。科洛奇浑身都在颤抖，脸色变得苍白。当科洛奇看到了牙医爷爷各式各样尖尖的、稀奇古怪的小工具的时候，他更是吓得哆哆嗦嗦，额头和手上都冒出了冷汗。他感到既惭愧又害怕，拼命忍住眼泪，刚刚还苍白的脸色瞬间变得通红，因为他一直不肯张开嘴，连呼吸都忘了。这可难不倒经验丰富的猴子医生，他想出了一个屡试不爽的方法，那就是——挠痒痒！猴子医生拿了一根小鸟的羽毛，开始轻轻地挠科洛奇的手心。科洛奇的嘴角动了动，他的下巴在颤抖，眼睛眨了眨，但他还是坚持着不想张开嘴。猴子医生继续挠痒痒，好多小鸟也飞来帮助医生。终于，科洛奇再也忍不住了，大笑了起来。猴子医生观察了小鳄鱼的牙齿之后，不禁大声惊呼："好大的一颗蛀牙啊！可怜的科洛奇，如果你再不保护牙齿的话，就只能拔掉这颗蛀牙了！但是不要担心，只需要用钳子轻轻一拔……"这个玩笑对科洛奇来说一点也不好笑，他真的害怕极了。"天啊！一颗蛀牙！我该怎么办才好呢？我再也不能唱歌了。如果牙被拔掉了，那我可就毁容了啊！以后就再也拍不出好看的照片了，也没人找我要签名照了……""小笨蛋，别哭啊，这颗蛀牙不算什么，我能很快治好它，相信你的猴子爷爷吧！"

科洛奇于是闭上眼睛，为了放松一下，还哼起了最流行的小曲。这首小曲还没哼完，猴子医生就把科洛奇的牙治好了。

现在，他一点儿都不觉得疼了，立刻开演唱会都没问题。"猴子爷爷，实在是太感谢了！我该付给您多少医药费呢？""你是我最喜欢的歌星，所以这次免费哦。"这天晚上，超级明星科洛奇不负众望，他在演唱会上光芒四射。"粉丝"们为他鼓掌，尖叫着他的名字，所有人都热情满满。为了使科洛奇的笑容一直这么迷人，他的"粉丝"们还送了他一个有意思的礼物：一个巨大的牙刷！

小朋友们，你们知道小鳄鱼长蛀牙的原因是什么吗？（喜欢吃甜甜的糖果，还有巧克力、小甜点）牙齿痛，应该怎么办呢？（找牙医叔叔/阿姨看病）拔牙害怕吗？（不害怕，要做勇敢的小勇士！）

（插画来自重庆幼儿师范高等专科学校2022级学生　田梅芳）

（三）小小妙笔画一画

请小朋友们用牙刷（画笔）给小鳄鱼刷刷牙，并用彩笔给小鳄鱼添上美丽的衣服吧！

（插画来自重庆幼儿师范高等专科学校2022级学生　田梅芳）

（四）载歌载舞跳一跳

家长或老师带着孩子一起哼唱《刷牙歌》，并以舞蹈的方式进行表演。

舞蹈动作一：将自己想象成牙刷，五指张开，双臂带动双手上下舞动，双膝配合蹲下、直立，模仿牙刷的动作。

舞蹈动作二：右手五指并拢，在脸前上下舞动，张开嘴，模仿刷牙的动作。

舞蹈动作三：双手交叠在胸前拍肩后向前伸出，并竖起大拇指，做夸赞的动作。

刷牙歌

知识小链接

二、健康童谣《勤洗澡》

（一）童谣细细读

勤洗澡[①]

小花猫，招人笑，让它洗澡它就跑。
小澡盆，飞泡泡，花猫气得胡子翘，
看你要往哪里跑，扑通扑通水里跳，
妈妈见了乐陶陶。

（插画来自重庆幼儿师范高等专科学校2022级学生　孙锐）

（二）故事慢慢听

有一只小猫，长着圆圆的脑袋，小巧的耳朵，亮亮的眼睛，长长的胡须，苗条的身体，可就是不爱清洁！常常到垃圾堆旁找东西吃，吃饱了就在泥坑里跳来跳去，跳得浑身都是泥浆。

小猫想去找朋友。她一边走，一边"喵喵喵，喵喵喵"地叫着。小猫走着走着，看见前面有只小猪在草地上玩球，小猫说："我和你一块儿玩好吗？"小猪回头一看，原来是小猫，就说："哟！是小猫，看你多脏啊！快去洗洗吧，洗干净了我再和你玩。"小猫不愿意洗澡，只好走开了。她走着，走着，走到一棵大树旁，碰到一只小猴子正在爬树。小猫高兴地说："小猴子你真美，我和你一块儿玩好吗？"小猴子说："哟！是小猫，看你多脏啊！快去洗洗吧，洗干净了我再和你玩。"小猴子边说边爬到了树上。

小猫非常伤心，就回到了家，她大声对妈妈说："妈妈，我要洗澡，我要换衣服。"她高兴

[①] 陈俊红.健康童谣[M].石家庄：河北美术出版社.2019：10.

地站在水龙头下面,一边洗一边说:"洗洗洗,擦擦擦;洗洗洗,擦擦擦。"她太开心了,洗完澡,她说:"我要换衣服。"她一边穿干净的衣服一边说:"穿穿穿,真高兴;穿穿穿,真高兴。"她穿上了干净的衣服,朋友们都来和她玩了。大家边唱歌边跳舞,真开心啊!

(三)小小妙笔画一画

给洗完澡变得干净的小猫穿上漂亮的衣服吧!

(插画来自重庆幼儿师范高等专科学校2022级学生 田梅芳)

(四)载歌载舞跳一跳

家长或老师带着孩子一起哼唱《小星星洗澡》,并以舞蹈的方式进行表演。

舞蹈准备:跪坐在地上。

舞蹈动作一:双手五指张开,高举过头顶,手掌一张一合,模仿星星眨眼睛,接着由上而下落到与肩平行的位置,手掌继续一张一合,模仿星星眨眼睛。

舞蹈动作二:五指张开,曲肘于胸前,手心向内,上下舞动,模仿星星宝宝洗澡。

三、健康童谣《晒太阳》

(一)童谣细细读

晒太阳[①]

太阳光,金亮亮,
我们早起晒太阳。
红太阳,向四方,
大家排队把歌唱,
沐浴阳光身体壮。

---

① 陈俊红.健康童谣[M].石家庄:河北美术出版社.2019:15.

(插画来自重庆幼儿师范高等专科学校2022级学生　田梅芳)

(二)故事慢慢听

一天早晨,大家都等着太阳宝宝一起运动。可是,天空黑黑的,太阳宝宝没出来。小蚂蚁来到大海边,大声喊:"太阳,起床了！我要和你一起玩！"

"玩什么啊?"太阳宝宝问。

"我们一起玩大力士游戏吧!"

"好啊!"太阳宝宝升起来了一点点。

小花狗来到大海边,大声喊:"太阳,快起床！我要和你一起玩！"

"玩什么啊?"太阳宝宝问。

"我们一起玩飞镖吧!"

"好啊!"太阳宝宝升起来了一点点。

小青蛙来到大海边,大声喊:"太阳,起床了！我要和你一起玩！""玩什么啊?"太阳宝宝问。

"我们一起玩跳高吧!"

"好啊!"太阳宝宝往上跳一跳,哈哈,太阳出来了。

太阳宝宝大声说:"谢谢你们！我每天都会早早起床,和大家一起运动！"从那以后,太阳宝宝每天都早早起来和大家一起唱歌、一起运动。

(三)小小画笔涂一涂

小兔一家在草坪上边吃水果边晒太阳,快拿画笔给这幅画涂上美丽的颜色吧!

(插画来自重庆幼儿师范高等专科学校2022级学生 孙锐)

(四)童谣悠悠唱一唱

孩子在老师或家长的带领下聆听《晒太阳》,并轻轻哼唱。

第十四章 四季的歌谣——节气童谣

二十四节气,是中国古代历法中表示自然节律变化以及确立"十二月建"的特定节令。一年有四季,春、夏、秋、冬,每个季节有三个月,每月有两个节气,每个节气都有着自己独特的含义。二十四节气较准确地反映了自然规律的变化,尤其在科技不发达的古代,二十四节气对人们的生产生活起着重要的作用。它不仅仅只是农事安排的指导,更是一套丰富的民俗系统,蕴含着我国悠久的文化内涵和历史积淀,是中华民族传统文化的重要组成部分。

第一节 交替的时节

在传统的农业社会,人们依据时间的变化,安排农事,在漫长的劳作中,逐渐掌握了自然变化的规律,并总结出各种自然现象与时间相对应的关系,通过观察天体运行,对时间作出了划分,并最终确立和制定了二十四节气。

一、二十四节气的形成

二十四节气原本是根据北斗七星斗柄旋转的指向而制定,北斗七星为循环旋转,形成斗转星移的季节变换。所谓的"节气"包含了"节"与"气"。"节"是时节,即时间之节,是对时间的等长分节;"气"指气候,即气与候,指气象变化与物候现象。每个节气均为一个时间段,而每个时间段都包含着与之相对应的天文现象与物候现象。这种时间刻度的确认,需要相当漫长的时间去逐步完善和确定。

古代帝王尤为重视天文观测和历法的制定,这也推动了节气的不断细化。春秋战国时期,通过长期观测,人们对时间的把握性不断增强,在四时之外又增加了四立,形成了立春、春分、立夏、夏至、立秋、秋分、立冬、冬至,共八节气。而二十四节气的最终确定应该是在西汉时期,《淮南子·天文训》载:"两维之间九十一度也,十六分度之五,而升日行一度,十五日为一节,以生二十四时之变。斗指子,则冬至,音比黄钟……加十五日指子,故曰阳生于子,阴生于午。"《淮南子》较清晰地记载了十五日为一节气的规律,并以北斗星的斗柄指向和音乐结合起来确定了二十四节气。至此,二十四节气完全确定,分别为立春、雨水、惊蛰、春分、清明、谷雨、立夏、小满、芒种、夏至、小暑、大暑、立秋、处暑、白露、秋分、寒露、霜降、立冬、小雪、大雪、冬至、小寒、大寒。西汉太初元年,即公元前104年,朝廷颁布的《太初历》,规定了以闰月定四时成岁,夏历正月初一为岁首,《太初历》将二十四节气融入历法,以便于百姓农业生产与农事活动。

二、二十四节气的含义

二十四节气科学地揭示了天文气象变化的规律,它将天文、农事、物候和民俗相结合,衍生出大量与之相关的岁时节令文化,这些文化反映了每个节气的内在含义。

(一)立春

立春,二十四节气之首。"立"意为"开始";"春"意为温暖的气候、万物生长之季。立春为每年公历2月3日—5日交节,寓意着一个新的年轮开始,在中国传统观念中,立春有吉祥的含义。立春标志着寒冷的冬季已经过去,开始进入万物复苏的春季,大地生机盎然,因此,古人历来尤为重视立春,在古代有迎春之礼仪。在立春时节,民间有丰富的民俗活动。

1.迎春。立春为春季之始,时序进入春季,因此,迎春是立春的重要民俗活动。事先必须做好充分的准备,并进行预演,俗称"演春",接着才能在立春之日正式迎春。迎春就是在立春前一日举行的将春天和句芒神接回的仪式。(句芒神即春神,也是草木神和生命神。句芒神的形象为人面鸟身,执规矩,主春事)迎神时多举行有大班鼓吹、抬阁、地戏、打牛等活动,不同的地区迎神的形式也有些许差别,一些地区会贴上"春风得意"的年画,还有些地方会击鼓驱疫,以祈求平安。

2.打春牛,也叫"鞭春牛",是我国农耕文明时代的遗风,即在立春之日将泥塑的春牛打碎,以此提醒农人,春天已到,应顺应农时,及时播种,祈祷新的一年五谷丰登,国泰民安。不同地区的迎春牛都有其各自的特点。迎春牛时,要向春牛叩拜,接着,百姓们一拥而上将春牛打碎,并将春牛的碎片抢回家,撒在牛栏内,意在促进牛的繁殖。(在古代,牛是重要的农事牲口,牛的繁殖与健康直接影响了家庭农事的好坏)

(二)雨水

雨水是二十四节气中的第二个节气,雨水时节,天气变化不定,是全年寒潮出现最多的时节之一,忽冷忽热,乍暖还寒。雨水节气的含义是降雨开始,雨量增多,但多以小雨或者毛毛雨为主。进入雨水季节,我国大部分地区已过严寒之时,气温逐渐回暖,利于越冬作物返青、生长,因此农人都会在此时抓紧时间做好田间越冬作物的管理。同时,做好选种、春耕的准备工作,以实现"春种一粒粟,秋收万颗籽"。由于雨水对春耕工作的重要性,民间也有一些相应的民俗活动。

1.接寿,这个习俗是祝福岳父岳母长命百岁,一般女婿要用砂锅炖了猪脚和大豆、海带,再用红纸、红绳封了罐子口,做成"罐罐肉"给岳父岳母送去,这是对辛苦将女儿养大成人的岳父岳母的感谢和尊敬。

2.回娘屋。雨水节回娘屋是流行于四川西部的一项风俗。到了雨水节,出嫁的女儿纷纷带着礼物回娘家拜望自己的父母。生育了孩子的妇女则需带上罐罐肉、椅子等礼物,感谢父母的养育之恩。

(三)惊蛰

惊蛰是二十四节气中的第三个节日,通常为公历的3月5日—6日交节。惊蛰时节,春雷始鸣,惊醒了地下冬眠的昆虫,因此民间历来有"春雷惊百虫"的说法。时至惊蛰,春雷萌动,雨水增多,万物呈现出生机盎然的景象,因此,民间还有"春雷响,万物长"的谚语。惊蛰节民间有祭白虎、打小人、吃梨等习俗。

1.祭白虎。这个习俗主要流行于我国广东一带,老虎在我国古人心中一直都是一种可怕又可敬的动物。广东人认为春雷的震动必然会惊醒冬季蛰伏的动物,老虎也必定会在此时从山中出来觅食,为保一年的平安,就要在惊蛰这天祭拜白虎。这一习俗直到现在还在部分地区流行,每到惊蛰,很多中老年人都会手拿祭品到庙宇中排队祭白虎。

2.打小人。春雷滚滚惊醒百虫,这其中自然也有害虫,每到这天,百姓们就会拿着扫帚到田间举行扫虫仪式,同时,还以清香和艾草等烟熏家中的角落,驱赶虫、蚊、鼠、蛇。人们认为小人就像害虫一样,惊蛰后也会猖獗起来,于是就到寺庙中举行打小人的活动,希望赶走生活中的不吉利之物,一年都能顺利、平安。

(四)春分

春分又叫"仲春之月",于每年公历3月19—22日交节。春分的含义在于一天中白天与黑夜的时间平分,即各为12小时,另外,春分之时正是春季三个月的中间,平分了春季。

俗话说:"春分麦起身,肥水要跟紧。"一场春雨一场暖,春雨过后忙春耕。春分一到,整个春播工作即将进入最繁忙的阶段,同时,人们也不忘春分时的各种民俗活动。

1. 吃春菜。顾名思义,春菜就是生长在春季的一种蔬菜,即一种野苋菜。在春分那天,人们会在田野间搜寻苋菜,苋菜以嫩绿的、细细的,约有巴掌大小的为佳,采摘回来的苋菜可以与鱼片一起做成"春汤",也可以与鸡蛋一起炒成鲜美的菜肴。

2. 送春牛,即送出春牛图。红纸或黄纸印上全年农历节气和农夫耕田的图样,名曰"春牛图"。送春牛图的人要会唱一些吉祥的歌,会说一些吉利的话,每到一家对主人说些祝福的话,并送上春牛图,俗称"说春",而说春的人则称为"春官"。

(五)清明

清明是春季的第五个节气,清明既是节气也是节日。清明时节,大地呈现春和景明之象,兼具了自然和人文两大内涵,既是自然节气,也是我国传统节日,节俗丰富,扫墓祭祖和踏青郊游是其两大民俗主题。除此之外还有放风筝、吃青团等习俗。

1. 放风筝。放风筝是清明节最受人们喜爱的活动之一,尤其是孩子们。人们不仅在白天放风筝,还会在夜间放风筝,而夜晚放风筝别有一番乐趣。夜里放风筝时,人们在风筝下或风筝拉线上挂上一串串彩色的小灯笼,像闪烁的星星,被称为"神灯",十分漂亮。

2. 吃青团。青团是用一种名叫"浆麦草"的野生植物捣烂后挤出汁水,同晾干后的水磨糯米粉拌匀揉和,然后制作成团子,团子的馅是由细腻的甜豆沙制成,包好后,放到蒸笼上蒸制成绿油油的青团。青团如翡翠一般,软糯香甜,清香扑鼻,深受人们喜爱。

(六)谷雨

谷雨是二十四节气中的第六个节气,也是春季的最后一个节气,于每年公历的4月19—21日交节。此时雨水增加,田中的各种作物都是初种,需要适量的雨水滋润,充足的降雨量能使农作物茁壮成长。因此谷雨也有"雨生百谷"之意。谷雨时节气温舒适,是赏花、喝茶的好时节,深受老百姓喜爱,还有一些丰富的民俗活动。

1. 喝谷雨茶。所谓的谷雨茶其实就是在谷雨这天采摘的新鲜茶制成茶叶。谷雨茶色泽翠绿,叶质柔软,香气宜人。据说谷雨这天的茶能够清火、明目。因此,无论天气怎样,人们都会去茶山采摘新鲜茶叶泡茶喝。

2. 吃春。吃春指吃香椿。香椿醇香爽口,且营养价值高,因此民间有"雨前香椿嫩如丝"的说法。人们把吃春天采摘的香椿称为"吃春"。

（七）立夏

(插画来自重庆幼儿师范高等专科学校2022级学生　田梅芳)

立夏是二十四节气中的第七个节气,也是夏季的第一个节气,于每年公历5月5日—7日交节。立夏后每天的日照时长增加,气温升高,同时雷雨也增多,万物进入了生长旺季,可以说,立夏至,万物繁。立夏标志着春天结束,夏天开始,故又称"春尽日"。立夏之时,民间有尝三新和称人等习俗。

1.尝三新。所谓尝三新指的是在立夏时节要吃一些这个时节刚长出来的鲜嫩食物。"三新"指的是新熟的樱桃、青梅和麦子。人们以这"三新"来祭祀祖先,然后再品尝这些食物。在苏州地区立夏时节还要吃面筋、白笋、荠菜、咸鸭蛋等,各个酒店对立夏这天进店的老顾客奉送酒酿、烧酒,并且不收分文,因此,在当地也把立夏称为"馈节"。

2.称人。立夏还有称人的习俗。人们会在村口或台门里挂起一杆大秤,秤钩上悬一根凳子,大家轮流坐到凳子上面称重量。掌称的人一边打称花,一边讲着一些吉利的话,立夏称人是人们祈求上苍给他们带来好运的一种方式。

（八）小满

小满是二十四节气中的第八个节气,也是夏季的第二个节气,于每年公历5月20日—22日交节。对我国南方地区而言,小满意为"雨水丰盈";而对我国北方地区而言,小满则是指小麦的饱满程度,这是因为我国南北方气候的差异所造成的。小满期间,我国南方通常降雨多且雨量大。而在北方,小满期间则降雨少或是无雨,气温上升较快。小满节气的民俗主要有祭车神和食野菜等。

1.祭车神。古人信仰万物有灵,小满之时,江河水满,民间有"小满动三车"的说法,这里的三车指水车、油车和丝车。"三车"都有司管的神仙,即水车车神、油车车神和丝车车神。老百姓在小满这天祭祀车神是我国农村古老的习俗,充分表达了人们对水利排灌的重视。

2.食野菜。我国最早食用的野菜是苦菜,《本草纲目》记载:"(苦苦菜)久服,安心益气,轻身、耐老。"小满时节正是苦菜药效最好的时间,人们在此时采摘食用可以很好地清热去火。

(九)芒种

芒种是二十四节气中的第九个节气,夏季的第三个节气,于每年的公历6月5日—7日交节。在此时,气温逐渐升高,降雨量充沛,适合晚稻等谷类农作物的种植。农业耕种以此时为界,过了芒种,种植的作物成活率就会越来越低,因此,芒种节气在农事上有着非常重要的意义。书上也指出:"斗指已为芒种,此时可种有芒之谷,过此即失效,故名芒种也。"民间也有谚语指出了芒种的重要性:"芒种不种,再种无用。"同时,芒种也是一个耕种和忙碌的节气,是南方种稻和北方收麦的时节,因此民间也称之为"忙种"。芒种时节同样有着独特的民俗活动,深受百姓喜爱。

1.送花神。芒种时节已是农历五月,百花开始凋零,民间在芒种时节举行送花神的祭祀仪式,送花神归位,同时感谢花神以百花装扮人间,并盼望来年再相会,遗憾的是如今此风俗已消失。

2.煮梅。在我国南方地区,每年的五、六月便是梅子成熟的季节。青梅营养价值高,具有净血、整肠、降血脂等保健功能,但青梅大都味道酸涩,难以直接食用,需要进行高温水煮后方能食用。在三国时"青梅煮酒论英雄"的典故也成为民间煮梅习俗的代表。

(十)夏至

夏至是二十四节气中的第十个节气,于每年公历的6月21日—22日交节。夏至后的天气特点是气温高、湿度大,雷阵雨情况增多。夏至这一天北半球的白昼时间达到全年最长。夏至时节是江淮地区的梅雨季节,此时正是江南梅子黄熟期,加之阴雨连绵,空气非常潮湿,家具器物都极易发霉,蚊虫繁殖极快,容易引起一些肠道疾病,因此在这样的天气下,人们会感觉身体非常不舒服。夏至与冬至一样,都是四季更替的节气,夏至的到来也就意味着炎热的天气正式开始,之后气温会越来越高。因此,人们会在此时食用清补凉茶、凉汤来减轻身体的不适,这也成为夏至的民间风俗。除此之外,夏至还有祭神祭祖、消夏避伏等民俗活动。

1.祭神祭祖。夏至既是二十四节气之一,还是四时八节之一,民间历来就有在此时庆祝丰收、祭祀祖先的风俗,以祈求消除灾难,年年丰收。

2.消夏避伏。夏至的到来也使天气越来越炎热,妇女们便会在此时互相赠送折扇,用以扇风纳凉,有的还会赠送脂粉用以涂抹身体散除身体的热气,预防痱子。

(十一)小暑

小暑是二十四节气中的第十一个节气,于每年公历的7月6日—8日交节。"暑"即炎热,小暑就是指炎热的程度,虽炎热但并非最炎热。接下来的大暑便是一年之中最为炎热的时期,因此民间有"大暑小暑,上蒸下煮"的说法,此时,我国也开始进入雷暴最多的时节。从小暑开始,我国便开始进入伏天,正所谓"热在三伏",三伏天是一年中气温最高且最为潮湿、闷热的时段。而炎热的三伏天则通常出现在小暑与处暑之间。我国的南方地区在小暑有"食新"的习俗,北方地区则有头伏(三伏天的第一伏)吃饺子的习俗。

1.食新。这是流传在我国南方地区的民间习俗,食新就是将新打的米、麦磨成粉,制成各种面饼、面条,给邻居们分着吃,以表达丰收的喜悦。

2.吃饺子。其实,在我国北方地区历来就有"头伏饺子二伏面,三伏烙饼摊鸡蛋"的说法。在进入头伏的时候,由于高温潮湿的气候,人们通常会食欲不振,往往比平日要消瘦,而饺子则是传统食物中开胃解馋的美食,正所谓"好吃不过饺子"。因此在头伏天吃饺子,是为了开胃口,以美食来缓解天气带来的不适。

(十二)大暑

大暑是二十四节气中的第十二个节气,也是夏季的最后一个节气,于每年公历7月22日—24日交节。大暑,意味着炎热之极,这是一年中最炎热的时期,也是一年中阳光最为猛烈,雷暴、台风最频繁的时节。大暑节气正值"三伏天"中的"中伏"前后,虽因阳光猛烈,雷暴频繁使人的身体极为不适,却十分利于农作物的成长。自古以来,民间就有大暑三伏天饮凉茶(伏茶)的习俗,此外还有烧伏香、晒伏姜等习俗。

1.喝伏茶。伏茶就是用金银花、夏枯草、甘草等十多味中草药熬制的凉茶,有清凉消暑的作用,因通常在伏天喝,以帮助人们缓解炎热带来的各种不适,故名"喝伏茶"。

2.烧伏香。由于大暑时节气温极高,农作物生长极快,大部分地区在这种高温下容易出现旱、涝、风灾,抢收抢种、抗旱排涝和田间管理等任务非常重。因此,人们会在此时烧香祈福,祈求风调雨顺,五谷丰登。也有一种说法,是在伏天用药香炙烤特定的穴位,可以治疗多种疾病。

(十三)立秋

立秋是二十四节气中的第十三个节气,也是秋季的第一个节气,于每年的公历8月7日—8日交节。"立"即开始,"秋"是季节的表述,也意味着禾谷成熟。从节气的名称上看,虽已进入秋天,但此时的炎热程度仅次于大暑和小暑,因此,立秋其实还处于暑热之中。立秋意味着降水量、湿度等在逐渐下降或减少,是一年四季的一个转折点。在自然界,此时万物开始从繁茂逐渐转为成熟,民间为了庆祝在此时新收成的稻谷,也会有祭祀土地神、啃秋瓜、晒秋等习俗活动。

1. 祭祀土地神。立秋之时,一些农作物新熟,农民们会在立秋之后挑选一个黄道吉日,祭祀土地神,一来感谢土地神与祖先的庇佑,二来庆祝丰收。

2. 晒秋,是一种典型的农俗活动,在湖南、广西、江西等地区生活的农民,由于当地地势复杂,平地较少,因此勤劳智慧的人们便利用屋顶、房前屋后等地架晒、挂晒新收的农作物,这种习俗极具地域特色。

(十四)处暑

处暑是二十四节气中的第十四个节气,也是秋季的第二个节气,于每年公历8月22日—24日交节。"处"的意思为止息、停留。"处暑"则意为炎热的酷暑天气已经到了结束的时候,暑气开始逐渐消退。二十四节气中有"三暑",即小暑、大暑和处暑,三暑中还有一个"立秋",可见炎热的气温持续时间较长,因此这段时间也被古人称之为"长夏"。处暑以后气温逐渐下降,日夜温差逐渐增大,但白天的气温还是较高,各地的暴雨总趋势在渐弱。此时,在我国的南方地区正是收获中稻的农忙时节,同时各种民俗活动也很多,如放河灯、吃鸭子、开渔节、煎药茶等。

1. 放河灯。处暑前后,在民间通常会有迎接中元的活动,俗称"七月半"或"中元节"。此时,人们会制作河灯,河灯一般会制成荷花状,并在底托上放上一根蜡烛,在夜晚的时候,将点亮的河灯放在小河中,任其随波漂流,以此方式悼念逝者,祈求平安。

2. 吃鸭子。古人认为农历七月半的鸭子是最为肥美的,因此有"七月半鸭,八月半芋"的说法。在处暑时节,北京地区的人们会买处暑百合鸭与家人共享。而江苏地区的人们则会做好鸭子,并送一份给邻居,因此在当地有"处暑送鸭,无病各家"的说法。

(十五)白露

白露是二十四节气中的第十五个节气,也是秋季的第三个节气,于每年公历的9月7日—9日交节。白露之后昼夜温差进一步拉大,白天中午气温虽高,但夜晚与清晨已有丝丝凉意。从白露开始,我国各地陆续进入秋季,昼夜温差较大。此时我国各地农事处于大忙的时节,在东北地区开始收获高粱、大豆、棉花和谷子。华北地区正是秋收时节,各种大秋作物已经成熟,人们开始收获。西北地区开始播种冬小麦。人们一边通过辛勤的劳动感受着收获带来的喜悦,一边通过各种民俗活动感受秋天带来的舒适。

1. 饮白露茶。在白露时节,人们会采摘新鲜茶叶饮用,白露时节的茶叶经过夏季的酷热,既不像春茶般鲜嫩,不经泡,也不像夏茶般苦涩,而是清冽爽口,给人一种回味无穷的甘冽之味,因此,民间有"春茶苦,夏茶涩,要喝茶,秋白露"的说法。

2. 收清露。白露时节,各种植物在清晨都会凝结露珠,此时将百草上的露珠收集在一个器皿中,饮用、泡茶,清冽回甘,令人神清气爽。明朝李时珍在《本草纲目》中记载:"秋露繁时,以盘收取,煎如怡,令人延年不饥。"因此,人们在白露时节"收清露"成为最特别的一种"仪式"。

(十六)秋分

秋分是二十四节气中的第十六个节气,也是秋天的第四个节气,于每年公历9月22日—24日交节。和春分一样,秋分指的是这一节气平分了秋季,同时,秋分这一天全球各地昼夜等长,也就是等分了昼夜。秋分曾是我国传统的"祭月节",中秋节也是由"祭月"而来的。这一时期风和日丽,秋高气爽,因此,月亮也尤其美,古人选择在此时祭月,感谢大自然的赐予。秋分也是我国各地大丰收的时节,秋季降温快,形成秋收、秋耕、秋种的"三秋"大忙景象。华北地区在秋分时开始播种冬麦,长江流域的广大地区正忙着晚稻的收割,翻耕土地,准备着油菜的播种。全国各地一片繁忙的景象,到处洋溢着丰收的喜悦。2018年,中华人民共和国发布《国务院关于同意设立"中国农民丰收节"的批复》,同意自2018年起,将每年农历秋分设立为"中国农民丰收节"。当然,在这样一个令人愉快的节气里,有各种传统习俗。

1.吃秋菜。中国人对野菜有着浓郁的感情,很多节气都会有吃应季野菜的习俗,秋分时节也不例外。在我国岭南地区,客家人有吃秋菜的习俗。秋菜是一种野生的苋菜,当地人称其为秋碧蒿。每到秋分时节,百姓们都会去采摘苋菜,制作方法与春汤一样,和鱼片一起制成秋汤,因此也有了"秋汤灌肠,洗涤肝肠,阖家老少,平安健康"的说法。

2.粘雀子嘴。秋分这天,客家人都会放假,家家户户要包汤圆、吃汤圆,并且要做十多个甚至二十个没有包馅的汤圆,煮熟后,用细竹叉扦着放到田边地坎,这叫做"粘雀子嘴",目的是吸引那些偷吃庄稼的雀儿,让它们吃汤圆的时候被粘住嘴,防止它们破坏庄稼。

(插画来自重庆幼儿师范高等专科学校2022级学生　田梅芳)

（十七）寒露

寒露是二十四节气中的第十七个节气，也是秋季的第五个节气，于每年公历10月7日—9日交节。进入寒露以后，冷空气南下，不仅昼夜温差大，而且秋燥明显，同时，雨季也结束了。此时，南方秋意越来越浓，风凉气爽，干燥少雨；而北方则已是一片冬季的景象，千里霜铺，万里飘雪。寒露时节，北方完成小麦的播种，南方则应完成油菜和蚕豆的播种。元代文人在《月令七十二候集解》中，将寒露分为三候：一候鸿雁来宾；二候雀入大水为蛤；三候菊有黄华。意思是，在寒露之时，鸿雁会列队大举南迁；深秋天寒，鸟儿、雀儿都不见了，古人看到海边突然出现很多蛤蜊，贝壳的条纹及颜色与雀鸟很相似，所以便以为是雀鸟变的；此时的菊花已经普遍开放了。寒露时节，大自然为人类赠送了很多的美景和美食，人们会在此时赏枫叶、吃螃蟹、饮秋茶，享受大自然的馈赠。

1. 赏枫叶。寒露时节，是枫叶最美的时候，"霜叶红于二月花"指的就是这个时候。因此，在我国，很多地方都有赏枫叶的习俗。赏枫叶，必须走到室外，去山上、郊外，在大自然中感受层林尽染的美景。

2. 吃螃蟹。在江南地区，人们除了赏菊花，还有吃螃蟹的习俗，每到寒露时节，雌蟹卵满，膏黄，十分鲜美，正是吃蟹的最佳季节。所以，懂得生活乐趣的人们都会在此时品尝螃蟹，才不负大自然所赠予的美食。

（十八）霜降

霜降是二十四节气中的第十八个节气，也是秋季的最后一个节气，于每年公历的10月23日—24日交节。霜降节气反映的是天气逐渐变冷的气候特征，并非这个季节就一定会降霜，因此，"霜降"节气与"霜降"并无直接关联。霜降时节，冷空气活动频繁，北方地区已在秋收扫尾，农作物大都已经不再生长，即使是很耐寒的大葱也不再生长，正所谓"霜降不起葱，越长越要空"。在南方，则正是三秋大忙的时节，单季的杂交稻和晚稻正在收割，摘棉花，拔除棉秸，翻整耕地。霜降是秋天的最后一个节气，人们非常重视，此时，民间会举行菊花会，饮酒赏菊，吃牛肉、羊肉等食俗。

1. 饮酒赏菊。霜降时节，正是菊花盛开的时候，古有"霜打菊开"之说。因此，到郊外登高赏菊也就成了霜降时节民间的一大雅事。

2. 吃牛肉。霜降开始，气候逐渐寒冷，民间有"补冬不如补霜降"的说法，因此，霜降时节人们都会有吃牛肉的习俗。将牛肉做成牛腩煲、牛肉炒萝卜、牛肉汤等，以祈求身体暖和强壮。除此之外，羊肉和兔肉也是民间霜降时节进补的佳肴。

（十九）立冬

立冬是二十四节气中的第十九个节气，也是冬季的开始，于每年公历的11月7日—8

日交节。立冬与立春、立夏、立秋合称为"四立",正所谓"春种、夏耘、秋收、冬藏",万物在春季萌芽,夏季生长,秋季收获,到了冬季就要进入休藏状态。"立冬"意味着万物开始闭蓄、休养状态,草木凋零,蛰虫休眠,等待春季再进入下一个生长轮回。自古以来,立冬就被人们所高度重视,各地的民俗活动也非常丰富。

1. 祭祀。立冬在我国古代也是"四时八节"之一,是一个十分重要的节日,我国大部分地区在此时都会有祭祖、饮宴、卜岁等习俗。祭祀时,以时令佳品供奉祖先,以尽为人子孙的义务与责任,祈求祖先赐给来年丰收。

2. 扫疥。在我国河南、江苏、浙江等地,民间喜欢在立冬之时用各种香草、菊花、金银花熬汤沐浴,称为扫疥,目的是祈求治愈疾病,以健康的身体度过寒冬。

(二十)小雪

小雪是二十四节气中的第二十个节气,也是冬季的第二个节气,于每年公历的11月22日—23日交节。"雪"是寒冷天气的产物,此时,气候虽寒但未到最寒冷的时候,因此称为"小雪"。小雪的到来也就意味着天气将越来越冷,降水量也会增多。民间流传着"小雪雪满天,来年必丰年"的谚语,就是指小雪落雪,来年雨水均匀,无大旱涝,同时,下雪可以冻死一些农田里的细菌和害虫,来年可以减轻病虫害的发生,而且积雪还有保暖的作用,有利于土壤中有机物的分解,增强土壤的肥力,有利于来年农作物的生长。俗语道"小雪腌菜,大雪腌肉",小雪节气的习俗包括腌咸菜、吃糍粑、晒鱼干等。

1. 吃糍粑。在我国南方地区有在小雪时吃糍粑的习俗。糍粑是用糯米蒸熟捣烂后所制成的一种食品,是中国南方一些地区流行的美食,软糯香甜,美味可口。

2. 晒鱼干。小雪时节,在海边的渔民们会开始晒鱼干,制成干粮储存,用以过冬。晒制的鱼干营养丰富,可以煲汤、做鱼干粥,清香可口,是孩子们喜爱的美食。

(插画来自重庆幼儿师范高等专科学校2022级学生 孙锐)

(二十一)大雪

大雪是二十四节气中的第二十一个节气,也是冬季的第三个节气,于每年公历的12月6日—8日交节。大雪是节气,是一个气候概念,节气大雪与大雪天气的意义是不同的。在实际中,大雪节气的雪往往不如小雪节气来得大,全年降雪最大的节气也不是在小雪和大雪时期,而是在2月下旬的雨水节气。大雪节气是反映气候特征的一个节气,其特点是气温显著下降,降水量增多。我国大部分地区在此时已经进入冬季,北方的一些地区最低温度已经降到0℃或以下。此时,黄河流域已渐积雪,而在更北方的地区则已经是大雪纷飞了。大雪的习俗主要有腌肉、打雪仗、赏雪景等。

(二十二)冬至

冬至是二十四节气中的第二十二个节气,也是冬季的第四个节气,于每年公历的12月21日—23日交节。冬至既是二十四节气之一,也是中国民间传统祭祖的节日,更是四时八节之一,历来被视为冬季的重大节日之一。到了冬至,才算是到了真正的严寒之时,民间由此开始"数九"计算寒天,这也标志着即将进入一年之中最为寒冷的时候。由于冬至的意义重大,因此在古代有"冬至大如年"的说法,在中国南方有祭祖、吃汤圆、宴饮的习俗,在北方有吃饺子的习俗。

1.喝羊肉汤。每年的冬至,我国很多地方都有吃羊肉、喝羊肉汤的习俗。古人认为吃羊肉可以御寒、养生,因此为了抵御冬季的寒冷,让自己有一个强健的体魄度过冬季,通常会在冬至这日炖上羊肉汤,美美地吃肉、喝热汤,既是养生,也是迎接冬至的到来。

2.吃汤圆。在我国江南地区有冬至吃汤圆的习俗。"圆"意为团圆和美满,冬至这天吃汤圆又被称为"冬至圆",民间有"吃了汤圆大一岁"的说法。因此,汤圆是冬至必备的美食。

(二十三)小寒

小寒是二十四节气中的第二十三个节气,也是冬季的第五个节气,于每年公历的1月5日—7日交节。小寒的特点是天气渐渐寒冷但还未到最冷的时候。在我国北方流传着"小寒胜大寒,常见不稀罕"的说法,指的是小寒节气时要比大寒节气时更冷,而这种现象并不是什么稀奇的事。小寒一般在"二九"到"三九"的时间段,在我国北方,小寒是一年中最冷的时候,小寒过后的大寒,气温则稍有回升。民谚有"小寒时处二、三九,天寒地冻冷到抖",说明了小寒节气寒冷的程度。

(二十四)大寒

大寒是二十四节气中的最后一个节气,于每年公历1月20—21日交节,大寒同小寒一样也是表示天气寒冷程度的节气,大寒是寒冷到极致的意思。据我国长期以来的气象记录,在我国北方地区,大寒往往没有小寒冷,但是在南方地区,最冷的时段就是大寒节气之时。大寒在岁末,冬去春必来,大寒一过,一个新的轮回又将开始,每到大寒至立春这个时段,就有很多重要的民俗,如除旧布新、制作腊味、祭灶等。

(插画来自重庆幼儿师范高等专科学校2022级学生　孙锐)

三、童谣中的二十四节气

古人将气象的变化、物候的变迁与农事劳作、福祸兴亡对应起来,渗透到文学作品中,使二十四节气更具人文情感。从唐诗到童谣,二十四节气在文学作品中散发着独特的传统魅力,朗朗上口的语言中蕴含着传统文化的意蕴,富有韵律的节奏中传达着真挚的情感。如唐代诗人陆龟蒙的《偶掇野蔬寄袭美有作》:

偶掇野蔬寄袭美有作

野园烟里自幽寻,嫩甲香蕤引渐深。
行歌每依鸦舅影,挑频时见鼠姑心。
凌风霭彩初携笼,带露虚疏或贮襟。
欲助春盘还爱否,不妨潇洒似家林。

诗人踏青采摘新鲜的野菜制作春盘,可以看出,古人在立春之时既有外出采摘的闲情逸致,更有制作节日美食的生活乐趣。"挑频"既写出了作者在采摘野菜时的动作,又与立春时节相对应。早春时节,野菜刚刚出土,嫩嫩的小芽须仔细挑选方可入菜。"嫩甲香蕤引渐深",因为要细细寻找,所以不停换地方,越走越远。这些精心挑选采摘的野菜与春盘相配,在食物中品尝早春的味道,感受春天万物复苏带来的快乐,尤为美哉!

　　对于儿童而言,有关二十四节气的童谣不仅能让其了解其中包含的传统文化,更能让儿童在文字中感受春耕秋收的快乐,感受劳动的趣味,感受生活的美好。美国学者理查德·洛夫在《林间最后的小孩——拯救自然确失症儿童》中指出:"与自然接触对于儿童的重要性,不亚于丰富的营养和充足的睡眠,目前儿童接触自然的状况需引起我们广泛重视与认真看待。"幼儿最初最主要的情感与行动是与大自然紧密相连的,与大自然接触多的孩子,在面对逆境时的处理能力比那些与大自然接触较少的孩子更强,因此,亲近自然对儿童的发展具有重大意义。大自然教育的力量是巨大的,相比简单的知识获得,它更能拓展孩子的视野,培养孩子的思维能力、学习能力和善良的品性。我国的文人学者们早就有这种意识,因此除了在成人的文学作品中融入二十四节气的文化外,还在传统的童谣中融入了二十四节气,让孩子们在不同的节气传诵相应的童谣,从而眼中有自然,口中有自然,心中有自然。例如童谣《二十四节气歌》:

二十四节气歌[①]

春雨惊春清谷天,夏满芒夏暑相连。
秋处露秋寒霜降,冬雪雪冬小大寒。
每月两节不变更,最多相差一两天。
上半年来六廿一,下半年是八廿三。

　　这首童谣不仅依照时间顺序写出了二十四节气,并且以最简单的句子写出了每个节气中最为显著的特点。儿童通过诵读这首童谣,不仅对二十四节气的时间、顺序有了较清晰的认识,还能初步了解每个节气的自然和人文特点。

第二节　童谣中的春夏秋冬

　　二十四节气是古人对四季的认识,在每个节气中都饱含着人们辛勤的劳作,书写着中国人的勤劳与智慧,节气中丰富的民俗活动是人们对大自然的感恩,对幸福生活的向往。中国人对二十四节气的重视不仅体现在实际生产生活中,还体现在各种文学作品中,并且运用于对后代的教育中。人们将二十四节气的特点编写成童谣,代代传承。

---

① 熊亮等.中国童谣(绘本版)[M].北京:中信出版社:2019:60—61.

一、节气童谣《夏至》

（一）童谣细细读

夏至[①]

大树小树撑绿伞，

伞下蝉儿唱得欢。

唱的啥？

你别烦，

今年又是丰收年。

（二）故事慢慢听

夏至的来临意味着天气越来越热，午后的阳光热辣辣地炙烤着大地，虽然最热的时候还没有到，但微风中已经渗透着丝丝热气让人烦闷。房前屋后的大树和小树在整个春天的滋润后变得强壮，枝繁叶茂，绿油油的树叶威武地张开着，像一把把绿色的大伞，遮挡着阳光的炙热。孩子们和大人坐在大伞下，吃着甜甜的西瓜，听着树上的蝉鸣，大人们看着远处长势喜人的稻子，憧憬着今年的收成，孩子们一边感受着大人们的喜悦一边听着夏天的蝉鸣，渐渐入睡，梦里，仿佛看见金黄的稻田散发着丰收的喜悦……

（三）载歌载舞跳一跳

"蝉"又被称为"知了"，夏天的时候喜欢在树上唱歌，深受小朋友们喜爱。

孩子在老师或家长的带领下跟唱歌曲《知了》，模仿知了的叫声，并一边唱一边舞蹈。

舞蹈准备：站立或盘腿而坐

1.河边杨柳梢

舞蹈动作一：双臂高举呈"V"状，手臂带动手腕左右轻轻摇晃，模仿杨柳树在风中摆动。

2.知了声声叫

舞蹈动作二：手心向下，以手腕带动整个手往下压至两胯旁，头随着节奏左右摇动。

3.知了，知了，知了，知了

舞蹈动作三：两手分别放在嘴两边，模仿知了鸣叫。

4.夏天已来到

舞蹈动作四：双手由下往上在头顶交叉后打开，并自转一圈。

[①] 陈俊红.节气童谣[M].石家庄：河北美术出版社.2019：10.

二、节气童谣《白露》

（一）童谣细细读

白露①

白露一过，磨镰霍霍，
披星戴月，忙着收割，
收山大车，来往穿梭，
拉回粮山，一座一座。

（二）童趣听一听

白露时节，天气越来越凉爽，孩子们在这秋高气爽的时节尽情享受着大自然赐予的快乐。大人们愉快地磨好镰刀，不分白天黑夜，忙着收割，田野里一片金灿灿，在阳光下闪耀着丰收的光芒。孩子们跟在大人们后面，捡起掉落在田地里的麦穗，放在篮子里，感受着和大人们一起劳动的喜悦。远处的路上，一辆辆装满粮食的大车穿梭在道路上，丰收的粮食堆成了一座座小山。当晚霞染红整个天空时，孩子们蹦蹦跳跳地跟着大人们带着一天的劳动成果，走在回家的路上，远处炊烟袅袅，那是妈妈正在为孩子们准备丰盛晚餐……

（三）丰收情景舞一舞

丰收了，孩子们跟着大人们一起去田野里收割粮食，感受着劳动带来的喜悦。

舞蹈准备：制作一把小镰刀作为舞蹈道具。

舞蹈动作一：双脚打开与肩宽，微微弯腰，左手从右往左，模仿抓麦穗，右手持镰刀，从右往左挥动镰刀，模仿割麦穗。

舞蹈动作二：放下镰刀，双手合在一起，曲臂从上往下模仿拍打麦穗。

（四）认一认，说一说

（插画来自重庆幼儿师范高等专科学校2022级学生　孙锐）

---

① 陈俊红.节气童谣[M].石家庄:河北美术出版社.2019:15.

这是一个丰收的"丰"字,家长或老师带着孩子认一认,说一说这个字像什么?

三、节气童谣《冬至》

(一)童谣细细读

①冬至

冬至开始数九九,
北风呜呜使劲吼。
娃娃滑雪冰上走,
小鱼冰下水里游,
来年春天再握手。

(二)载歌载舞跳一跳

家长或老师带着孩子一起哼唱《堆雪人》,并以舞蹈的方式进行表演。

舞蹈动作一:模仿雪人的样子,双手五指打开,轻拍脸蛋,接着轻拍双肩、双胯和双膝。

舞蹈动作二:双手置于双胯边,模仿雪人转圈。(让孩子发挥想象力,想象雪人圆圆的、笨笨的样子转圈)

舞蹈动作三:双手背在身后,模仿雪人在冰上滑冰。

(三)小小妙笔画一画

家长或老师引导孩子为这个可爱的雪人宝宝涂上自己喜欢的颜色,并发挥想象力,给小雪人画上漂亮的背景。

---

① 陈俊红.节气童谣[M].石家庄:河北美术出版社.2019:18.